사주
인사이트

사주 속에서 내 삶은 어떻게 작동하는가

사주
인사이트

하나사주 지음

헤윰터

나는 왜 이렇게 살고 있을까?

　저는 고양이 두 마리를 키우고 있습니다. 한 마리는 회색에 복슬복슬한 털을 가지고 있는 '치카'라는 녀석이고, 다른 한 마리는 노란 털과 흰 털이 반반씩 섞인 녀석으로 '나로'라는 이름을 가지고 있습니다. 얼추 비슷한 시기에 태어나 비슷한 시기에 우리 집에 와서 함께 자란 고양이들입니다. 아주 어릴 적부터 같은 사료를 먹이고 같은 장소에서 잠을 재우며 늘 함께 지내왔지만 둘은 놀랍게도 전혀 다른 성격을 가지고 있습니다.

　치카는 어쩌다 어딘가에서 바스락 소리라도 들리면 어김없이 화들짝 놀라 숨어버리기 일쑤입니다. 청소기를 돌리거나 칫솔을 들고 가까이 다가가거나 혹은 제 손에 뭔가 들려있기만 해도 예민하게 알아차립니다. '윙-' 하는 무서운 소리가 나기 전에, 칫솔을 쥔 지의 손이 싱가시게 사신의 얼굴을 잡고 이빨을 치대기 전에, 복슬복슬한 털에 촘촘한 빗살이 닿기 전에 후루룩 어딘가로 도망쳐 버립니다. 여섯 살이 된 지금도 아기처럼 작은 소리로 우는가 하면 간식을 줘도 덥석 먹지 않고 오래도록 냄새를 맡으며 문제가 없는지 확인한 후 조심스럽게 한 모금씩 넘깁니다. 함께 산지 여러 해가 지났는데도 여전히 안아주려고 하면 몸부림을 치며 밀쳐내곤 하악질을 해댑니다.

나로
무념무상 100%

치카
허세20% 소심함30% 예민함50%

　반면 나로는 전혀 다릅니다. 발 앞에 청소기가 무서운 소리를 내며 왔다 갔다 해도 꿈쩍 않고 세상 편한 자세로 누워 '너는 청소해라, 나는 구경한다'라는 얼굴을 하고 태연히 저를 바라봅니다. 간식을 주기 위해 서랍장을 열면 냉큼 달려와 어떤 맛인지 음미해 볼 새도 없이 봉투에 이빨 구멍을 내가며 꿀떡꿀떡 삼켜버립니다. 그 모습을 보고 있으면 '맛이나 느낄 수 있을까?'하는 생각이 들 때가 많습니다. 순식간에 목구멍으로 삼켜버린 간식들이 훨씬 많거든요. 집에 낯선 사람이 찾아오든지 말든지, 자기를 만지든지 말든지, 들어 올려 안든지 말든지, 안으면 안긴 대로 눕히면 누운 채로 그르렁거리며 낯선 손길이건 말건 무조건 받아들입니다. 사정이 이렇다 보니 집에 놀러 오는 친구나 지인들에게 치카는 항상 보기 힘든 낯선 존재인 반면, 나로는 세상에서 제일 귀엽고 넉살 좋은 녀석으로 통합니다. 그러니 나로가 치카보다 사람들에게 맛있는 간식을 받아먹거나 부드러운 손길을 받는 횟수가 훨씬 많을 수밖에요.

사람 역시 치카와 나로처럼 각기 다른 외모와 성격뿐 아니라 다양한 형태의 기운들을 가지고 태어납니다. 오늘도 세상에는 치카같은 예민함과 조심스러움을 장착한 사람들과 나로처럼 낙천적이고 느긋한 이들이 서로 함께 어우러져 살아가고 있습니다. 나로처럼 시끄러운 소음이나 낯선 이들의 손길이 아무렇지 않은 사람들도 있는가 하면 치카처럼 매번 도저히 참을 수 없는 고통인 사람들도 있습니다. 여러분은 치카인가요? 아니면 나로인가요? 혹시 치카처럼 혹은 나로처럼 하루를 보낸 후, 타인과 자신을 비교하며 자책하고 있나요? 과연 치카는 틀리고 나로는 맞다고 이야기할 수 있을까요?

왜 나는 매번 비슷한 선택과 결정을 하는 걸까?

12년 연속 영미 아마존에서 베스트셀러를 차지한 책이 있습니다. 바로 『Q&A 5년 후 나에게』입니다. 이 책에는 365가지의 질문이 실려있습니다. 내 삶의 목적은 무엇인가? 내 삶에서 가장 결별하고 싶은 것은? 가장 최근에 방문한 식당에서 먹은 음식은 무엇인가? 마지막으로 울었던 적은 언제인가? 등등 책 안에는 일상적인 것부터 심오한 것까지 궤를 달리하는 다양한 질문들로 가득합니다. 독자들은 매년 같은 질문에 대해 스스로 어떤 대답을 하고 있는지, 과거의 나는 그 질문에 어떤 답을 했는지 확인할 수 있습니다. 저 역시 잊고 지냈던 지난날들의 기록을 살펴보며 5년 전과 비슷한 결정을 내리고 있는 모습에 놀란 적이 있습니다. 심지어 먹은 음식과 방문한 곳까지 최근과 비슷하게 작성되어 있었습니다. 분명 당시의 상황이나 감정 위주로 쓴 답변들일텐데 5년이 지난 지금의 저와 크게 달라진 게 없다니요!

여러분은 어떤가요? 혹시 오늘도 퇴근 후에 반드시 운동하러 가겠다고 다짐했건만 어느새 침대에 누워 유튜브를 시청하고 있나요? 주식만 샀다 하면 다음 날부터 내리막길 시작인가요? 나쁜 남성(혹은 여성)이라는 걸 뻔히 알면서도 계속 끌리나요? 누가 시킨 것도 아닌데 늘 비슷한 장르의 영화를 골라보고, 옷장 안 그득 쌓인 옷들은 다 비슷비슷한가요? 항상 비슷한 결정들만 내리고 있다면 도대체 이런 결정들은 어디에서 나오는 걸까요? 마냥 우연이라고 하기엔 계속해서 비슷한 선택을 하는 자신이 흥미로운가요?

사주는 나만의 성질과 쓰임을 발견하는 과정

우리에게는 각자 숨겨진 어떤 것이 있습니다. 명리학에서는 그 어떤 것을 '사주팔자'라고 부릅니다. 사주팔자란 우리에게 새겨진 자연의 기운을 뜻합니다. 세상 모든 생명체는 태어난 그날, 그 시간에 해당하는 기운을 부여받습니다. 생산된 물건에 제조 회사, 가격, 종류 따위의 정보를 표시하는 바코드처럼 사람도 태어난 연월일시인 사주라는 특유의 고유 번호가 부여됩니다. 동일한 유전자를 지녔거나 같은 교육을 받았음에도 각자의 사주에 따라 다른 결정을 내리고 행동합니다. 따라서 자신의 고유한 성질을 설명해주는 사주를 잘 읽어낸다면 그 누구보다 자기 자신의 쓰임새를 잘 알고 활용할 수 있습니다.

나의 사주를 잘 알기 위해 우리는 무엇을 해야 할까요? 사주라는 것이 도대체 무엇인지 먼저 이해하고 풀이해 나가는 과정이 필요합니다. 우리는 인간이라는 카테고리 속에 존재하지만 종의 구분일 뿐 개개인 각자는 모두 고유한 존재입니다. 따라서 활용법도 제각각일 수밖에 없습니다. 사주는 운수를 점치는 행위가 아니라 각자에게 주어진 특유의 기운이 무엇인지 확인하는 방법입니다. 막연하게 앞으로 잘 풀릴지 예상하는 게 아니라 나만이 지닌 고유한 성질이 무엇인지 정확히 파악한 후, 어떻게 하면 나만의 성질을 세상에 제대로 활용하며 살아갈 수 있을지 그 쓰임을 발견하는 과정입니다.

2, 30대를 겨냥한 자기 계발서들을 살펴보면 대부분 성공을 위한 마음가짐이나 행동에 관한 지침을 일러주는 경우가 대부분입니다. 그 내용을 자세히 들여다보면 우리에게 주어진 시간을 어디에 어떻게 써야 저자처럼 성공할 수 있는지 알려줍니다. 우리 이전에 이런 고민의 시간을 거쳐 온 누군가의 소중한 경험은 굳이 같은 경험을 하지 않고서도 얻을 수 있는 값진 것이 분명합니다. 따라살 수 있는 생각과 행동의 나침반이 있다는 것은 퍽이나 편한 일이지만, 그 조언대로만 행동한다고 해서 모든 사람에게 같은 결과가 주어지지 않습니다. 각자에게 주어진 기질 즉, 사주팔자가 모두 다르기 때문이죠.

사주는 우리 눈에는 보이지 않지만 그 사람만이 지니고

있는 '아이템 박스'라고 이야기할 수 있습니다. 그 안에 어떤 기질들이 어떤 형태로 자리 잡고 있느냐에 따라 내가 가진 성향과 특기가 달라집니다. 내가 어떻게 하면 수월하게 성과를 이뤄낼 수 있을지 혹은 어떤 부분이 불리한지 '나'라는 사람의 사주팔자를 통해 미리 살펴볼 수 있습니다. 사주라는 아이템 박스 안에 있는 나의 소질을 깨닫고 잘 활용하여 좋은 선택을 한다면 그만큼 포기해야 하는 기회비용 역시 작아질 수 있습니다. 사주에 주어진 나만의 장점을 잘 살핀 후 삶의 순간마다 활용한다면 남들보다 적은 에너지를 들이고도 더 쉽고 순조롭게 뜻을 펼칠 수 있습니다. 누군가에게는 남들이 판판하게 다져놓은 오솔길이 최고의 선택이지만 누군가에게는 거친 넝쿨과 숲이 우거진 길을 따라 걷는 것이 자신을 가장 잘 활용할 수 있는 길이 되기도 하니까요.

나로는 나로답게 치카는 치카답게

저는 어릴 때부터 줄곧 '나는 왜 이럴까?'라는 생각을 하며 자랐습니다. 같은 이야기를 들어도 단번에 이해하지 못하고 손도 엄청 느립니다. 악바리 근성도 없다 보니 철봉 매달리기 기록은 늘 1초였습니다. 손발을 부들부들 떨어가면서도 악착같이 몇 분씩 매달려있는 친구들을 볼 때마다 '왜

나는 저렇게 안 될까? 무엇이 문제일까?' 하며 늘 저를 자책했습니다. 무언가 새로운 것을 배우려 해도 채 사흘을 못 넘기고 포기해 버리기 일쑤였어요. 친구들 앞에서는 "이번에는 꼭 해 낼 거야"라고 다짐하듯 말했지만 끝까지 제대로 배워본 적은 한 번도 없습니다. 훗날 멋지게 해낼 저의 모습만 상상하며 혼자 공상에 빠지는 게 전부였죠. 즉흥적이고 변덕도 심한 데다 게으르고 인내심까지 바닥인 저는 생각에만 머문 채 행동으로 옮기지 못하는 날들이 쌓여 갔습니다. 스스로 기대하고 실망하는 마음은 계속 쌓이고 쌓여 죄책감으로 돌변했습니다. 죄책감은 또 못마땅한 저를 괴롭히는 이유가 되었습니다. 집에서 키우는 고양이들은 뭘 해도 너답다, 너라서 예쁘다고 인정해 주면서 정작 저한테는 세상 사람들이 원하는 모습으로 살지 못한다며 원망하고 자책하기 바빴습니다. 사주라는 학문을 오랫동안 공부하고 난 후에야 비로소 진심으로 저를 안아줄 수 있었습니다.

명리, 나답게 행복할 수 있는 방법을 연구하는 학문

지금 이 책을 펼친 여러분 중에는 앞이 보이지 않는 시간 그 어딘가를 걷고 있는 분이 있을지도 모릅니다. 사주는 인생이 내 맘대로 되지 않고 어려울 때 찾게 되는 여러 방편 중 하나입니다. 세상에 좋은 사주와 나쁜 사주가 없듯이 아무것도 없이 텅텅 빈 사주 또한 없습니다. 아직 자신만의 시간이 펼쳐지지 않았을 뿐입니다. 각자의 손에 들린 것이 달라 사용하는 방법과 때가 다를 뿐입니다. 지금 당장 내 인생이 태양처럼 반짝이지 않아도, 나무처럼 싱그럽지 못해도, 흐르는 강물처럼 유연하지 않아도 괜찮습니다. 빛나지 않아도 괜찮습니다. 우리 각자에게는 자연이 숨겨놓은 사주라는 선물이 있으니까요.

이 책은 나로는 나로답게 치카는 치카답게 살면서도 행복해질 수 있는 방법을 이야기합니다. '나'라는 존재가 어떻게 만들어졌는지 배워가다보면 진짜 나를 깨닫고 인정할 수 있습니다. 나와 가장 잘 어울리는 자리에서 알맞은 역할들을 해내는 힘이 생길 것입니다. 자신을 꼼꼼히 들여다보고 나면 제가 그랬듯 여러분도 삶의 많은 고난들이 마법처럼 사라질 것입니다.

차례

나는

어떤 사람일까 2

제4장

내 인생은 얼마나
반짝거릴까?

에필로그

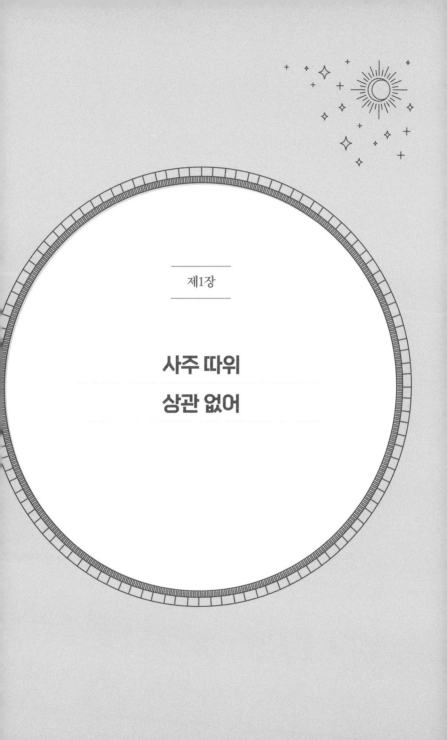

제1장

사주 따위
상관 없어

（ 🌒 🌓 🌑 🌔 🌘 ）

사주에 관한
오해와 편견

　모든 사람은 자신의 사주를 바탕으로 태어난 기운과 그 의미를 살펴볼 수 있습니다. 우리의 삶은 태어나 죽을 때까지 사주팔자를 바탕으로 대운이라는 가장 큰 톱니바퀴, 세운이라는 중간 톱니바퀴 그리고 월운과 일운을 담당하는 작은 톱니바퀴들이 촘촘히 맞물려 돌아가며 사람들 각자에게 희로애락을 선물합니다. 하지만 사주에 대해 잘 모르는 사람들은 사주 이야기만 나오면 "난 그런 거 절대 안 믿어!"라고 단호하게 말하며 덮어놓고 미신이나 귀신의 영역으로 치부합니다. 저 역시 사주를 공부하기 전에는 비슷한 생각을 가지고 있었는데요. 사주에 대해 본격적으로 이야기하기 전에 먼저 사주팔자에 관한 오해와 편견은 왜 생기게 되었는지 이유를 살펴보겠습니다.

　우리가 살고 있는 지구가 태양 주변을 도는 공전 주기는 1년 365일입니다. 이러한 천체의 운행을 바탕으로 시간 단위를 정해나가는 체계를 역이라 하고, 역을 바탕으로 한 해의 주기적 시기를 밝히는 방법을 '역법'이라고 합니다. 태양의 운행을 기준으로 만든 역법의 날짜 체계를 우리는 태양력 즉, 양력이라 부릅니다. 이와 달리 달의 삭망[음력 초하루와 보름을 아울러 이르는 말]을 기준으로 만든 역법을 우리는 태음력 즉, 음력이라고 합니다. 양력과 음력 절기와 날을 계산하는 방법이 바로 이 역법에 해당합니다. 태양과 달이 움직이는 자연의 법칙은 단 한 번도 틀린 적이 없습니다. 태양이 지면 달이 뜨고, 겨울이 가면 봄이 오는 것처럼 자연의 움직임에는 늘 순서가 있습니다. 겨울 추위가 끝없이 계속될 것 같아도 봄에 들어서면 어느새 포근해지고, 본격적인 여름이 시작되면 영락없이 해가 쨍해지면서 더워지는 것처럼요. 이처럼 자연의 법칙에는 그날, 그 시간이 가진 에너지가 정해져 있습니다. 이러한 우주와 자연이 흘러가고 생성되는 에너지를 구체화한 것을 동양철학에서는 '음양오행'이라고 부릅니다. 사람도 태어난 그날, 그 시간마다 새겨진 음양오행의 기운을 가지고 있는데요. 이것이 바로 사주팔자입니다. 그리고 정해진 시간의 흐름이자 절기의 변화를 읽는 방법을 설명한 학문이 '명리학'입니다.

명리학은 동양에서 시작해 발전한 사람의 운명을 예측하는 오래된 학문 중 하나입니다. 음양오행을 토대로 사람의 운과 명을 읽어내 예로부터 '운명의 이치를 따지는 학문'이라는 뜻을 가지고 있습니다. 그렇기에 아무런 근거도 없이 그저 느낌으로만 사람의 운명을 추측하거나 보이지 않는 영적 존재에 의지한 예언과 달리 각자에게 주어진 사주 정보를 바탕으로 그 사람의 기질과 성향을 분석합니다. 따라서 우리가 흔히 오해하는 특정 종교의 제사나 부적 같은 요소들이 명리학에는 들어 있지 않습니다. 또, 사주를 무조건 맹신하거나 그것만으로 그 사람의 기질이나 운명을 단정 짓는 것 또한 권하지 않습니다. 명리학은 심리학, 철학, 인문학처럼 사람을 들여다보는 학문 중 하나입니다. 다루고 있는 내용은 다르지만 '사람'을 연구하는 학문이라는 궁극적인 목적은 똑같습니다. 의학이 의술을 통해 사람의 몸을 살펴본다면 명리학은 사주를 통해 사람의 타고난 기질을 들여다봅니다. 내시경, 초음파, 혈액 검사 등 더 정확한 진단을 위해 여러 검진을 진행하는 것처럼 사주도 사람의 운명을 정확하게 읽기 위한 하나의 수단으로 이해할 필요가 있습니다.

사주에 편견과 불신이 생기는 또 다른 이유는 '이분법적

사고' 때문입니다. 사주에는 특정한 살이ㅑ 작용을 하는 관계가 있는데, 이를 통해 무턱대고 흉하거나 나쁘다고 해석하는 경우가 여기에 해당합니다. 예를 들어보겠습니다. 여러분에게 어둠은 좋은 의미인가요, 밝음이 좋은 의미인가요? 멈춰있는 게 좋은가요 아니면 움직이는 게 좋은가요? 앞서가는 게 좋을까요, 뒤따라가는 게 좋을까요? 선뜻 대답하기 어렵다고요? 그 이유는 바로 상황과 판단에 따라 좋고 나쁨이 결정되기 때문입니다. 단순히 명과 암, 양과 음일 뿐 무조건 좋고 무작정 나쁜 것은 세상에 없습니다.

명리학이 만들어지고 널리 쓰였던 고대에는 가장 이상적이라고 여기는 사람의 성향과 기질이 대부분 획일화되어 있었습니다. 신분제 사회였던 당시에는 나라에서 인정하는 직위를 갖고, 왕을 잘 섬기는 삶이 그 시대 사람이 얻을 수 있는 가장 귀하고 존중받는 삶이었습니다. 자신의 본분을 다해 나라에 충성하고, 배우자에게 순종하며, 순리를 거스르지 않고 순응하는 삶이 가장 큰 행복이라 여기던 시대다 보니 이러한 삶에 적합한 사주를 타고난 사람을 귀하게 여기는 해석들이 대부분이었습니다. 반대로 이를 거스르는 기질을 가진 사주들은 대부분 흉하다고 치부하였습니다. 하지만 오늘날은 어떤가요? 삶에 정해진 어떤 틀도 정답도 없는 세상이 되었습니다. 무조건 상황에 순응하며 따르는 삶은 더 이상 권장하지 않습니다. 옛 기준에 맞춰 사람의 귀천을 판단하는 해석은 더 이상 통용되지 않습니다. 현재 나에게 주어진 사주 속 재료들을 어떻게 잘 활용하느냐가 중요할 뿐입니다.

명리학의 이러한 해석의 변화와 확장은 최근까지 급진적으로 이루어지고 있습니다. 몇십 년 전만 해도 드라마 속 여성 캐릭터는 대부분 착하고 순종적인 부분을 강조해 왔습니다. 하지만 요즘 시청자들은 타인을 위하는 동시에 자기자신을 소중하게 여길 줄 아는 주인공을 선호합니다. 사주는 해석하는 방법에 따라 이상적인 사람의 기준은 계속 바뀌어가고 있습니다. 따라서 함부로 좋고 나쁜 것의 개념을 정해버리기보다 시대에 알맞은 해석의 기준이 얼마든지 바뀔 수 있다는 사실을 토대로 끊임없이 연구해나가야 합니다. 각자가 가지고 태어난 영역의 다름을 이해하고 그에 맞춰 세상을 가장 행복하게 살아가는 방법을 읽어내려는 태도가 필요합니다. 사주 속 하나의 특징만을 단정지어 정답과 오답으로 나눠서는 안 됩니다. 자신 혹은 타인의 사주를 분석할 때, 이분법적으로 판단하지 않는 자세를 가져야합니다.

오행 중 목 기운은 생명력, 호기심, 기동성 등의 성질을 지니고 있습니다. 누군가 이러한 목 기운을 가지고 태어났음에도 새로 시작할 때마다 겁내고 두려워한다고 해서 "거

봐. 하나도 안 맞잖아."라고 단순히 생각해서는 안 됩니다. 사주 명리는 몇 가지 유형만으로 사람을 분류하는 성격테스트와 전혀 다른, 사람의 운명을 탐구하는 학문입니다. 목의 성질을 지녔다 해도 어떤 계절에 태어났는지, 힘이 센지 약한 지, 사주 주변에 어떤 성질의 글자들이 함께 있는지 등을 따져 사주가 가진 기운 전체를 종합적으로 분석해야 합니다. 똑같은 나무라도 봄에는 꽃이 피는데 여름에는 잎만 무성한 것처럼 사주 역시 시기와 방법에 따라 각각 해석이 변하고, 둘러싸인 오행에 따라 기질의 강도 또한 달라집니다. 따라서 사주 속 도드라진 몇 개의 풀이만으로 나의 삶 전체를 함부로 해석하거나 판단하는 오류를 범해서는 안 됩니다. 이것이 바로 명리를 공부하는 기본자세입니다.

내 사주
들여다보는 방법

　자신의 사주는 '만세력'이라는 프로그램을 통해 살펴볼 수 있습니다. 예전에는 일일이 만세력 책을 펼쳐 찾아야 하는 수고로움이 있었지만, 요즘에는 다양한 만세력 앱을 활용하여 쉽고 간편하게 사주를 확인해 볼 수 있습니다. 만세력이라고 검색하면 다양한 무료 앱이 있으니 그중에 본인이 보기 편한 것을 선택하면 됩니다. 앱을 내려 받은 후, 내 생년월일시를 입력하면 글자들이 등장합니다. 제일 먼저 위아래로 구성된 네 개의 기둥과 여덟 개의 칸 속에 들어가 있는 글자들이 보일 것입니다. 이것이 바로 나의 아이템 박스 안에 들어있는 사주팔자입니다. 이 글자들을 풀이하면 자신이 어떤 기질을 가지고 태어났는지 확인할 수 있습니다. 보통 오른쪽부터 자신이 태어난 연월일시에 해당하는 글자가 순서대로 정렬되어 있습니다.

양 1987/11/23 12:00 서울특별시 여자
음(평달) 1987/10/03 12:00
지역시: 양 1987/11/23 11:27 (보정: 지역 -32분)

	생시	생일	생월	생년
십성	편인	비견	정재	겁재
천간	갑甲 +목	병丙 +화	신辛 -금	정丁 -화
지지	오午 -화	자子 -수	해亥 +수	묘卯 -목
십성	겁재	정관	편관	정인
지장간	병기정	임계	무갑임	갑을
12운성	제왕	태	절	목욕

출처 : 포스텔러

이 기둥들은 각자 하나의 의미만을 지니지 않습니다. 순서대로 연年은 조상궁, 월月은 부모궁, 일日은 본인, 시時는 자식궁이라고 하여 관계를 가늠하기도 하고, 순서대로 초년운, 청년운, 장년운, 노년운을 뜻하기도 합니다. 사주에서 연과 월은 나의 대외적인 모습을, 일과 시는 나의 내밀하고 개인적인 심리와 취향을 반영합니다. 이 네 개의 기둥은 연주는 뿌리(근)를, 월주는 줄기(묘)를, 일주는 꽃(화)을, 시주는 열매(실)를 의미하는 '근묘화실'로 표현되기도 합니다. 이 모두가 조화를 이뤄 나의 성향과 기질을 만들어냅니다. 네 개의 기둥 위쪽은 '천간', 아래쪽은 '지지'라고 부릅니다. 연의 기둥을 연주, 연의 천간을 연간, 연의 지지를 연지라 합니다. 마찬가지로 월의 기둥이 월주, 위아래 칸을 월간, 월지라고 하며, 태어난 일의 기둥을 일주, 위아래 각각 일 간, 일지라고 칭합니다. 마지막 시주도 마찬가지로 시간과 시지로 나뉘어져 있습니다.

95 정재	85 편재	75 상관	65 식신	55 겁재	45 비견	35 정인	25 편인	15 정관	5 편관
신 辛	경 庚	기 己	무 戊	정 丁	병 丙	을 乙	갑 甲	계 癸	임 壬
유 酉	신 申	미 未	오 午	사 巳	진 辰	묘 卯	인 寅	축 丑	자 子
정재 사	편재 병	상관 쇠	겁재 제왕	비견 건록	식신 관대	정인 목욕	편인 장생	상관 양	정관 태

대운수: 5(신해) 🔍

좌우로 슬라이드 해보세요.

연운

2030 편재	2029 상관	2028 식신	2027 겁재	2026 비견	2025 정인	2024 편인	2023 정관	2022 편관	2021 정재
경 庚	기 己	무 戊	정 丁	병 丙	을 乙	갑 甲	계 癸	임 壬	신 辛
술 戌	유 酉	신 申	미 未	오 午	사 巳	진 辰	묘 卯	인 寅	축 丑
식신 묘	정재 사	편재 병	상관 쇠	겁재 제왕	비견 건록	식신 관대	정인 목욕	편인 장생	상관 양

출처 : 포스텔러

그 아래로 내려가면 '대운수'가 자리 잡고 있습니다. 대운수는 우리가 흔히 대운이라 일컫는 운의 한 종류입니다. 사람의 삶에 십 년 동안 영향을 미치는 운으로 옆에 표기된 숫자를 통해 나의 대운이 몇 세를 기점으로 바뀌는지 알려줍니다. 예를 들어 9라고 표기되어 있다면 9세 단위 즉, 9세, 19세, 29세, 39세, 49세.... 식으로 대운수가 교체됩니다. 사람마다 지닌 사주가 달라 대운이 바뀌는 시기 역시 제각각입니다. 십 년이라는 긴 시간 동안 삶에 영향을 미치는 대운은 운이 바뀌는 시기마다 여러 가지 변화들이 일어납니다. 대운이 바뀌기 2년 전부터 대운이 바뀐 후 길게는 2년까지 시기를 '교운기'라고 하는데요. 교운기에는 내가 10년 동안 쓰던 운에서 벗어나 새로운 운을 맞이하고, 그 운을 활용해야 하므로 환경이나 생각의 변화들이 연속적으로 일어날 수 있습니다. 삶의 반전이라고 불릴만한 극적인 사건들도 이 시기에 일어나는 경우가 많습니다. 내가 변화하던지 혹은 주변 환경이 변화할 이유를 만들어줍니다. 대운은 앞으로 십 년 동안 내가 살게 될 집에 비유하면 훨씬 이해하기 쉽습니다. 집에 따라 니의 활동 범위가 달라지고 어울리는 사람들도 달라지며 심리적으로도 영향을 받게 됩니다. 대운이 편안하면 창문도 천장도 튼튼하고 벽도 단단해서 조금 궂은 날씨가 이어져도 크게 영향 받지 않습니다. 반대로 어려운 대운이 들어오면 집의 구석구석을 단단히 정비하고 대비해야 많은 피해를 입지 않을 수 있습니다. 사람에게 장기적으로 영향을 주는 운인만큼 어떤 형태인가에 따라 전반적인 삶의 방향이나 가치관 등이 크게 변화할 수도 있습니다.

대운 아래에는 '세운'이 자리 잡고 있습니다. 연운이라 도 부르는 세운은 말 그대로 매해의 운을 의미합니다. 대운 을 집에 비유했다면 세운은 '날씨'에 비유할 수 있습니다. 날씨는 해가 화창하고 따뜻한지, 우박이 떨어지는지, 매섭 게 추운지에 따라 사람의 삶에 가장 즉각적인 사건 사고들 을 만들어냅니다. 이직, 결혼, 만남 또는 사고 같은 일들이 이에 해당합니다. 그 해의 전체적인 심리 역시 세운의 영 향 아래 있습니다. 이유 없는 불안함이나 외로움을 느끼거 나 근거 없는 자신감 또는 무언가를 해보고 싶은 욕망이 생 겨나 자신과는 어울리지 않는 누군가를 만나거나, 갑자기 사업을 벌이기도 합니다. 혹은 자신도 모르는 우울하고 공 허한 기분 때문에 눈앞에 있는 것들에 쉽사리 집중하지 못 하기도 합니다. 이처럼 세운은 사람의 삶속에서 굵직한 사 건들에 많은 영향을 행사합니다. 우리가 새해가 되면 보는 신년운세도 세운이라는 날씨가 나에게 어떤 영향을 미칠 지사주 일기예보를 살펴보는 시간이라고 할 수 있습니다. 세운은 어떤 대운 안에서 일어났느냐에 따라 굵은 장대비 나 폭설이 쏟아져도 수월하게 견딜 수 있지만 봄에 내리는 가랑비에도 옷이 흠뻑 젖어 모진 감기에 걸릴 수도 있습니 다. 그 아래는 매달의 운을 알려주는 '월운'과 오늘의 운 세인 '일운'이 있습니다. 월운과 일운은 대운이나 세운보다 는 비중이 적은 편이지만 사람의 삶에 영향을 주는 것은 마 찬가지입니다.

제2장

우리는 왜
반대에 끌릴까

음양오행이
뭐길래

너는 키가 커, 넌 얼굴이 작구나, 나는 좀 뚱뚱해, 오늘 너무 덥다, 우리 집은 가난해. 사람들의 일상적인 대화입니다. 가만히 살펴보면 모든 말은 상대적 주체가 있어야 성립되는 말이라는 사실을 아시나요? 즉, 내가 어떤 특징을 가지고 있거나 무엇으로 성립되기 위해서는 상대가 필요합니다. 너는 (나보다) 키가 커, 오늘은 (어제보다) 너무 덥다 등 반드시 네가 있어야만 내가 성립되는 것을 우리는 '음양'이라고 합니다. 세상의 모든 만물은 이렇게 상대적인 개념을 가지고 있으며 사물의 변화나 현상은 모두 음양으로 이루어져 있습니다. 사람을 들여다보는 사주 역시 빛과 어둠을 구분하는 데서 시작합니다. 높은 산을 기준으로 해가 비추는 밝은 부분은 양, 해가 비추지 않는 어두운 부분을 음이라고 불렀습니다. 양은 음에 비해 밝고 활동적인 행동을 의미하고, 음은 양에 대비하여 어둡고 정적인 행동을 의미합니다. 보통 우리는 남성을 양의 존재, 여성을 음의 존재라고 인식합니다. 그렇다면 남녀가 아닌 두 명의 여성이 있는 경우, 우리는 모두 음의 존재라고 해석해야 할까요? 아닙니다. 두 여성 사이에도 분명 양과 음이 존재합니다. 조금 더 활달한 성격을 가진 사람이 차분한 사람에 비해 양의 기운이 많습니다. 이처럼 음과 양이라는 개념은 어떤 특정한 존재만 갖고 있는 것이 아니라 비교 대상에 따라 언제든 바뀔 수 있습니다.

그렇다면 이것이 의미하는 것은 무엇이 있을까요? 양은 역동적인 에너지를 의미합니다. 밝음, 빛, 능동적, 활동적, 움직임, 더위, 이상적, 시작 같은 이미지를 떠올려볼 수 있습니다. 계절 중에서 봄을 의미하는 목 기운과 여름을 의미하는 화 기운이 이런 양의 기운에 포함됩니다. 반대로 음은 어둠, 그늘, 멈춤, 부수적, 수동적, 추위, 현실적, 끝의 이미지를 떠올려볼 수 있습니다. 계절적으로는 가을을 의미하는 금 기운과 겨울을 의미하는 수 기운이 음의 기운을 가지고 있습니다. 자신의 사주에 목과 화 기운이 풍부하면 즉, 양을 의미하는 글자들이 많으면 양의 기운이 강하다고 해석합니다. 반대로 음을 의미하는 글자가 많거나 사주에 금과 수의 기운이 강할 때는 음의 기운이 강하다고 판단합니다. 그럼 사주는 음과 양으로만 나뉠까요?

사주는 총 스물두 개의 글자로 이루어져 있습니다. 앞서 언급했듯이 글자들 중 자신의 연월일시를 바탕으로 한 여덟 개의 글자가 천간과 지지의 자리에 배치되어 자신의 사주팔자를 이룹니다. 스물두 개의 글자들은 양적인 것과 음적인 것으로 구분되어 있습니다. 천간을 이루는 열 개의 글자 갑을병정무기경신임계(甲乙丙丁戊己庚辛壬癸) 중 '갑병무경임'은 양에 해당하고, '을정기신계'는 음에 해당합니다. 지지의 글자들도 음과 양으로 나눌 수 있지만, 때에 따라 쓰임새가 달라지는 경우가 있으니 일단 천간 글자들의 특징만 이야기하겠습니다. 이 특징을 아는 것만으로도 우리는 자신의 기질에 관한 몇 가지 힌트를 얻을 수 있습니다.

甲 丙 戊 庚 壬 　천간 양의 글자

乙 丁 己 辛 癸 　천간 음의 글자

나의 사주에 양의 글자들(목화, 갑병무경임)이 훨씬 많은 경우, 활발하고 진취적이며 드러내는 활동을 선호하거나 먼저 움직이려는 성향이 강합니다. 음의 기질에 비해 단순하고 능동적이며 밝은 생명력을 지니고 있습니다. 또, 이상적인 면모를 보이는 경우가 많습니다. 반대로 사주에 음의 글자들(금수, 을정기신계)이 많으면 수동적이고 차분한 태도를 보이며 선뜻 움직이기보다 상황을 지켜보려는 기질이 강하게 나타납니다. 양의 기운과 달리 비밀스럽고 섬세하며 현실적이고 정적인 에너지를 가지고 있습니다. 앞으로 계속 반복하겠지만 사주에는 좋고 나쁨의 개념이 없습니다. 음과 양은 각자가 지닌 에너지의 상태를 나타낼 뿐 무작정 양이 좋고 음이 나쁘다고 해석해서는 안 됩니다. 음과 양의 존재는 상대적일 뿐 양은 밝아서 좋고 음은 어두워서 좋습니다. 사람이 살아가면서 각각 휴식이 필요할 때도 있고 활동이 필요할 때가 존재하듯 놀 때는 양이, 잘 때는 음이 필요합니다. 단순히 선과 악으로 구분 짓거나 길하거나 흉하다고 정해놓고 판단해서는 안됩니다.

사주에는 내가 필요로 하는 사주의 오행이자 기운을 뜻하는 '용신'이라는 개념이 있습니다. 모든 사람은 각자가 필요로 하는 기운이 있습니다. 사주명식에 따라 그러한 기운이 간절한 사람이 있고, 없어도 별문제 없는 사람이 있습니다. 하지만 용신은 정도의 차이는 있을지언정 기본적으로 누구에게나 조금씩은 필요합니다. 나에게 필요한 용신에는 여러 종류가 있지만, 근원을 가만히 살펴보면 모든 용신은 내 사주를 골고루 균형 있게 맞춰주기 위한 오행에 해당합니다. 사주에 금과 수가 많아 차가운 기운이 강하다면 따뜻한 화 기운이 그 사람의 용신이 됩니다. 반대로 사주에 목과 화 기운이 많아 뜨겁고 성급하다면 이러한 운을 적당하게 눌러주는 차가운 수 기운이 용신입니다. 사주의 힘이 너무 약하면 좀 더 힘을 키워줄 수 있는 오행이 필요하고, 너무 강하면 잘 제어해 주는 오행이 필요합니다. 궁극적으로 이 모든 것들은 사주의 음과 양 그리고 오행을 조화롭게 맞추기 위한 노력에서 비롯됩니다. 명리에서는 조화로움 즉, '중용'을 통해 음과 양이 균형을 이루는 것을 가장 이상적으로 보고 있습니다. 음양의 조화 안에는 명리학에서 이야기하고자 하는 모든 정답이 들어 있습니다. 따라서 사람들은 자신도 모르는 사이에 이러한 음과 양의 균형을 맞추고자 무의식적으로 움직입니다. 인간으로 잘 살고 싶은 동물적인 본능은 음양합일이라는 자연의 원리를 따라가는 형태로 나타납니다.

봄에 가까운 존재인 아이들은 밝은 기운을 지니고 있어 늘 음기가 강한 곳을 좋아하고 찾아다닙니다. 그야말로 양기가 강한 생명체다보니 음기가 강한 곳에 이끌리는 것은 자연스러운 현상이겠죠. 어둡고 천장이 낮은 다락방 또는 공간마다 구석구석 분리되거나 칸막이가 달린 벙커형 침대를 선호합니다. 넓은 거실을 두고 자꾸만 텐트나 옷장 속에 들어가려는 이유도 마찬가지입니다. 옛날 아이들은 어른들이 보기엔 별것도 없는 굴다리 밑에 모여 개구리알을 잡고, 흙을 만지며 하루 종일 놀았습니다. 아이들이 선호하는 다른 장소로는 물놀이를 즐길 수 있는 수영장이 있습니다. 모두 음과 양으로 구분해 보았을 때 대부분 음기가 많은 장소들입니다. 반대로 노년이 되면 어떨까요? 가득하던 양기는 나이가 들면서 차츰 줄어들기 시작합니다. 자연이 봄, 여름인 양의 계절에서 가을, 겨울인 음의 계절로 흐르는 것과 같이 어른이 되면 음기가 강해지는 만큼 자연스럽게 양기를 가까이 하고 싶어집니다. 젊을 때 도통 관심도 없던 꽃놀이나 단풍 구경이 좋아지고, 친구들과 우르르 어울려 다니고 싶어집니다. 푸른 나무나 예쁜 꽃을 보며 기운을 충전합니다. 괜히 빨간색이 좋아지고 알록달록한 옷이 더 예뻐 보입니다. 양기가 가득하고 역동적인 에너지가 강한 장소를 찾아다니는 취향으로 바뀝니다. 이미 양기가 넘치는 관광버스 안에서 어른들은 뽕짝을 들으며 신나게 몸을 흔듭니다. 모든 부모님들이 마치 짠 것처럼 SNS 프로필 사진이 꽃 또는 산처럼 자연이 배경인 이유도 여기에 있습니다. 그만큼 음양의 조화는 우리의 삶과 매우 밀접하게 연결되어 있습니다.

다른 예를 들어볼까요? 음양오행으로 구분했을 때 남성은 양, 여성은 음에 해당합니다. 당연히 남성은 음의 기운에, 여성은 양의 기운에 끌립니다. 대부분의 남성들은 낚시를 좋아합니다. 사람들이 별로 없는 적막하고 한가한 저수지나 조용한 바닷가에 앉아 홀로 낚싯대를 드리우며 외로움을 즐깁니다. 호젓한 캠핑장이나 혼자만의 시간을 가질 수 있는 차박[여행할 때 자동차에서 잠을 자고 머무름]도 선호합니다. 그렇다면 여성들은 어디에 갈까요? 바로 쇼핑을 갑니다. 예쁘고 맛있는 것들이 즐비한 카페에 앉아 수다를 즐기거나 사람들이 붐비는 백화점이나 쇼핑몰에 몇 시간씩 머물며 반짝거리는 예쁜 조명 아래서 귀엽고 앙증맞은 물건들을 구경합니다. 자신이 산 물건을 인터넷에 공유하는 행동 모두 다 양기가 넘치는 행동들입니다. 우리가 서로를 인식하지 못하는 사이에도 음과 양은 서로를 끌어당기고 그로 인해 수많은 관계가 생겨나고 사건이 일어납니다. 남성은 여성에게 매력을 느끼고 여성은 남성에게 끌립니다. 또, 손자는 할머니가 편안하고 할머니는 손자가 각별합니다. 명랑하고 활발한 사람은 차분하고 현실적인 사람이 부럽고, 차분하고 정적인 사람은 밝고 힘찬 에너지를 가진 사람을 좋아합니다. 젊을 땐 물놀이를 선호하지만 나이가 들수록 바다보다는 푸릇푸릇한 산이 더 좋아지게 마련입니다. 이처럼 자신과 반대 성격을 가진 사람에게 더 큰 매력을 느끼는 이유는 자신에게 모자란 음이나 양의 기운을 찾아 안정감을 느끼다음 다시 제자리로 돌아가기 위함입니다.

모든 작용들이 사주 속에 주어진 음양의 순환으로 이뤄진다는 사실을 알고 나니 어떤가요? 많은 사람이 어떤 결정을 내릴 때 스스로 생각하고 의지대로 방향을 정했다고 생각하지만, 이러한 결정을 하게 되는 가장 밑바닥 무의식에는 내 사주 속 음양의 기운 뿐 아니라 오행이라는 영향력도 숨어있습니다. 자, 그럼 좀 더 자세히 오행을 들여다 볼까요?

목^木

호기심이 많아
시작은 좋은데 마무리가 약해요

#갑목 #을목 #인 #봄 #아이

색색의 꽃이 피는 봄이 오면 사람들은 설레기 시작합니
다. 흐드러진 꽃잎들, 아직 짙어지지 않은 연둣빛의 나뭇잎
들 그리고 봄이라는 계절 특유의 싱그러운 향기까지 우리
모두를 다시 동심의 세계로 돌아가게 만듭니다. 겨우내 얼
어붙었던 땅이 녹고, 그 속에 숨어있던 생명들이 하나씩 세
상 밖으로 나오는 봄이 오면 무엇이든 새로 시작하고픈 마
음이 들곤 합니다. 낯선 환경과 사람들 속에서 적응해나가
야 하는 봄이기도 하지만, 새로운 누군가와의 만남을 기대
하게 만드는 계절이기 때문이죠. 밝은 옷 색상이 좋아지고,

한 번쯤 나답지 않은 도전이나 새로운 시도를 하고픈 생각이 들기도 하는 봄. 우리는 왜 봄이 오면 이토록 설렐까요? 그 이유는 봄이라는 계절이 가진 '생명력'에 있습니다. 지난 겨울, 얼어붙은 강은 움직이지 않고, 추운 거리에는 메마르고 헐벗은 나무들과 차가운 입김만 존재할 뿐 살아 숨쉬던 모든 것들이 없어진 듯했습니다. 창문 밖으로 보이는 황량한 땅에는 도통 무엇도 자라날 것 같지 않았습니다. 하지만 겨울이 지나고 봄이 찾아오면 언제나 그랬듯, 아무것도 없던 땅에 작은 생명들이 혹독한 추위를 밀어내고 올라오기 시작합니다. 갓 태어난 아기의 쪼글쪼글한 얼굴과 반짝거리는 눈을 마주할 때처럼, 모르던 사람들과 만나 새로운 관계를 시작할 때처럼, 호기심을 가지고 낯선 분야에 다가갈 때처럼 우리는 맨땅에 불쑥 올라온 작은 새싹을 마주하듯 세상의 모든 시작을 응원합니다. 이러한 감정들은 봄이 가진 에너지와 매우 유사합니다. 봄의 에너지는 사방팔방 이리저리 퍼져나가지 않습니다. 여린 생명체가 그동안 응축해두었던 모든 에너지를 이용해 꽁꽁 언 땅을 떨치고 나오듯 오직 한 점을 향해 위로 솟아오르는 곡직격의 기질을 가지고 있습니다.

이러한 봄의 특징을 가진 기운이 명리학에서는 '목'에 해당합니다. 이는 봄이 가진 생명력과 더불어 땅을 뚫고 올라오려는 기동성과도 연관이 있습니다. 따라서 사주에 목 기운이 풍부한 사람은 호기심이 많아 무엇이든 수월하게 시도합니다. 낯선 물건을 가까이 다가가 서슴지않고 만져보거나 한치의 망설임도 없이 입에 넣는 아이들처럼 기동성이 풍부한 목은 언제나 새롭게 도전하고 어렵지 않게 시작할 수 있는 에너지를 가지고 있습니다. 보행기를 타고 곳곳을 누비던 아이가 어느날 엉덩이에 힘을 잔뜩 집어넣고 낑낑거리며 어떻게든 위로 일어서려고 시도하듯 목 기운이 강한 사람은 어린아이 같은 순수한 성향을 바탕으로 이런저런 위험 따위 재지 않고 무엇이든 새로 시작하는 것을 당연하게 받아들입니다. 그래서 목이 가진 기운에는 어린아이 같은 호기심, 무모함, 천진난만함이 깃들어 있습니다. 또, 목은 시간상 아침에 해당합니다. 하루 중 가장 분주하고 생명력이 넘치는 아침처럼 목 기운 역시 이러한 특성을 고스란히 가지고 있습니다.

유교에서는 목화토금수로 분류되는 오행을 인간의 다섯 가지 윤리적인 마음과 연결 지어 오상이라 불러왔습니다. '인의예지신'은 이러한 오행의 특징과 연결하여 분류해 놓은 마음가짐의 덕목입니다. 그 중 목 기운은 인에 해당합니다. 목은 앞서 말했듯 오행 중 유일하게 생명력을 지니고 있습니다. 이는 생명을 잘 키워내야 한다는 책임감과도 연결되어 있습니다. 인을 통해 본 목은 어려움에 처한 사람을 애처롭게 여기는 '측은지심'이 스며들어 있습니다. 부모 잃은 젖먹이를 애처롭게 여기고 동네 사람들이 힘을 모아 다 같이 아이를 길러냈다는 옛날이야기처럼 목 기운은 생명을 잘 자라나도록 하는 따뜻한 마음과 밀접한 연관이 있습니다. 따라서 사주에 목이 많은 사람은 생명을 키워내기 위한 마음가짐이 풍부합니다. 인정이 많고 미래지향적이며 이상주의자가 많습니다. 하지만 아무리 단백질이 몸에 좋다고 해도 과다하게 먹으면 통풍이 오거나 간에 무리가 올 수 있는 것처럼 어떤 마음이든 균형과 중심이 잡히지 않는다면 문제를 만들어낼 수 있습니다.

사주에 목 기운이 과한 사람은 대부분 우유부단할 가능성이 높습니다. 허용과 측은지심이 성장의 시간에 필요한 것처럼 구별과 결단이 필요한 시기도 언젠가는 오게 마련입니다. 막연히 좋아질 거라 기대하며 문제 아동들을 무조건 측은지심의 마음만으로 바라볼 수는 없습니다. 성인이 되어도 문제 행동을 이어간다면 병원이든 교도소든 그에 맞는 값을 치러야 합니다. 이렇듯 살아가면서 반드시 결단이 필요할 때가 있습니다. 하지만 과도한 목 기운은 인정에 이끌려 이러한 결단을 방해하기도 합니다.

제가 사주 상담을 진행했던 한 기업체 대표는 사주명식에 네 칸 이상이 목 기운으로 구성되어 있었습니다. 상담을 신청한 그의 아내는 대표인 남편이 너무 답답하다며 하소연을 하였습니다.

"회사 대표인 남편은 조금이라도 이윤이 발생하면 직원들에게 모두 똑같이 나눠줍니다. 적당한 선에서 조절하지 못하고 무조건 나눠주려다 보니 정작 대표인 자신에게는 남는 게 별로 없습니다. 이윤을 분배하는 방식도 문제였어요. 열심히 하는 사람, 땡땡이치는 사람, 오래 일한 사람, 이제 갓 입사한 사람을 구분하지 않고 직원이면 무조건 똑같이 성과급을 나눠줍니다. 공평하게 베풀고 나누는 게 좋아보일 수 있지만, 직원 입장에서는 불만이 쌓일 수밖에요. 또, 회사에 폐를 끼치거나 도움이 안되는 직원을 내보낼 일이 생기면 남편 대신 제가 악역을 자처하기도 했습니다."

목 기운이 과다한 사람의 경우, 일에 대한 구분과 결정에 어려움이 따를 수 있습니다. 또, 시작은 잘하지만 깔끔한 마무리로 이어지기가 힘듭니다. 시작할 때 이미 너무 힘을 많이 쏟았기 때문이죠. 호기심이 많고 아이디어도 풍부하다 보니 자신이 가진 에너지 총량의 상당 부분을 일을 시작하는 데 써버립니다. 반대로 목이 없는 경우는 어떨까요? 완전하게 준비가 되지 않으면 절대 나서지 않는 성향을 보입니다. 다이어트를 해서 날씬해진 다음 소개팅에 나가겠다거나 집을 사고 나서 결혼을 하겠다는 식으로 일단 모든 일을 미루고 봅니다. 단순하고 가볍게 움직여볼 만한데도 확실한 계기가 없으면 절대 움직이지 않습니다

목표지향적인 갑목 甲

같은 목 기운일지라도 음양의 이치에 따라 양에 해당하는 목의 기운을 '갑목', 음의 기운에 해당하는 목을 '을목'이라 부릅니다. 한자의 생김새만 살펴봐도 이 두 글자 성질이 다르다는 것을 어느 정도 짐작할 수 있습니다. 양의 기운인 갑목의 甲 글자를 살펴보면 힘의 중심이 위쪽 네모 칸 안에 몰려있는 것처럼 보입니다. 아래에서 위로 쭉 솟아오른 모양이 꼭 '토르의 망치' 같지 않나요? 앞서 말했듯이 목 기운은 새싹이 땅을 뚫고 나오는 모습처럼 위로 솟아오르고자 하는 곡직격의 성질을 가지고 있습니다. 갑목은 그러한 기운을 더 강하게 가지고 있는 글자입니다. 목의 물상 역시 하늘 위로 쭉 뻗은 전나무나 소나무 같은 우람한 나무를 상징합니다.

위로 향하는 갑목은 기질적으로 돌파적인 면모를 보입니다. 천간 자리 글자가 갑목부터 시작한다는 사실을 떠올려봐도 목적이 분명하고 무엇이든 개척하려는 성질을 가늠해 볼 수 있습니다. 같은 목 기운에 해당하더라도 음의 기운을 가진 을목에 비해 훨씬 진취적이고 독립적이며 올곧

게 서 있으려는 기질이 강합니다. 이러한 기질적 특징은 자신이 고집하는 일이나 신념을 지킬 줄 알고, 어떠한 타협도 용납하지 않는 강한 자존심이나 굽히지 않는 성정 등으로 나타나곤 합니다.

유연하고 부드러운 을목 乙

을목의 乙 한자는 갑목과는 반대로 특별한 힘의 강약이 느껴지지 않습니다. 오히려 동글동글한 글자의 굴곡들은 중심이 잘 잡혀 있어 여기저기 잘 어울릴 수 있는 고리 모양을 하고 있습니다. 을목의 기질은 갑목에 비해 상대적으로 훨씬 유연합니다. 갑목이 위로 솟아오르는 에너지의 형태라면 을목은 그것보다는 조금 더 에너지의 흐름이 자유로워 보입니다. 그렇다보니 갑목은 올곧게 쭉 뻗은 나무에, 을목은 넝쿨이나 들꽃에 비유되곤 합니다.

음양오행 중 을목은 겉으로는 가장 여리고 약해 보이지만, 실은 가장 강한 생존력을 지니고 있습니다. 을목은 갑목에 비해 처한 상황이나 주변 환경 및 관계에 대처하는 능력이 잘 발달되어 있기 때문입니다. 강한 태풍이 불어오면 유연하게 굽힐 줄 알고, 가던 길이 막혀 있으면 다른 길로 돌아갈 줄 압니다. 을목의 이러한 특징은 같은 목 기운임에도 갑목과 선명하게 대비를 이루고 있습니다.

화 火

장악력은 뛰어나지만
방향을 잘 찾아야 해요

#병화 #정화 #예 #여름 #청년

여름 하면 어떤 풍경이 떠오르나요? 개인적으로 저는 여름에 가장 살아있음을 느낍니다. 모든 생명이 충만해졌음을 뽐내며 각자 소리를 높이고 왕성하게 움직이니까요. 귀가 따가울 정도로 울리는 매미 소리와 개구리 가족들의 우렁찬 합창, '나 잡아봐라'를 외치며 눈앞에서 엉덩이를 흔드는 온갖 벌레들과 잔뜩 물기 오른 짙푸른 나무들까지. 그런데 수많은 생명체들은 왜 유독 여름에 가장 왕성하게 활동할까요? 그것은 바로 여름이 가지고 있는 '양기'에 정답이 있습니다. 앞서 양기란 밝음이자 역동적인 에너지이며 깨어있는 시간을 뜻한다고 하였습니다. 양기 가득한 여름은 다른 계절보다 낮의 길이가 훨씬 길다 보니 생명체들이 왕성하게 활동할 수 있는 시간 역시 다른 계절에 비해 늘어날 수밖에 없습니다. 봄에 해당하는 목 기운이 땅을 뚫고 올라오는 형태의 에너지였다면 여름을 의미하는 화 기운은 위로 상승하던 에너지가 넓게 퍼지는 형태를 취하고 있습니다. 둘 다 생명력이 느껴지는 양의 기운임에도 목은 수직으로 솟아오르는 힘이 중심에 쏠려있다면, 화는 산발적으로 확산하는 힘을 지니고 있습니다. 그래서 목화토금수 중 화의 에너지는 가장 분주하게 움직이며 왕성하게 활동합니다. 적극성, 열정, 행동력을 만들어주는 중요한 인자 중 하나가 바로 화입니다. 사주에 화 기운이 발달한 사람은 능동적이고 진취적인 성향을 보입니다. 직접 발로 뛰고 몸으로 부딪혀가면서 정답을 찾으려는 사람들이 많습니다. 화 기운은 오래도록 고민하고 생각한 후에 움직이기보다 생각하는 즉시 행동을 개시하게 만듭니다.

화 오행은 인의예지신 중 예와 연관이 있습니다. 화가 예를 추구하는 이유는 '방향성'에 있습니다. 화의 기운을 상징하는 청년기를 예시로 이야기를 해보겠습니다. 삶에서 청년기는 가장 부지런히 인간관계를 맺고 사회활동을 하는 시기입니다. 중고등학교 친구, 대학교 동기, 회사 동료, 동호회 회원 등 가장 많은 사회적 관계를 유지하면서 활발하게 사람을 만나고, 그들을 통해 나를 정의하는 시기입니다. 이 시기에는 인간관계나 사회적 활동뿐 아니라 식욕, 성욕 같은 1차원적인 욕구도 함께 발달하며 행하고 싶은 때입니다. 불길이 바람의 방향이나 가연성 물질 또는 건축물 구조에 따라 일정한 패턴도 규칙이 없이 자유자재로 번져나가듯 청년기는 어떠한 방향도 없이 열심히 확장 활동만 해나갈 뿐입니다. 청년기는 의욕만 앞설 뿐 사회적 경험치가 부족하다보니 목표와 사명감을 명확하게 가지고 성숙한 확장 활동을 하기 어렵습니다. 목의 과정을 거쳐 일단 일어나났지만 성장하기에만 급급했으니 어떤 식으로든 가진 것을 펼쳐나가야겠다는 삶의 근거나 철학 같은 기본기가 아직은 부족할 수밖에 없습니다. 어떻게 살아가야 하는지, 잘하고 있는 게 맞는지 확신은 없고 불안하기만 한 시간, 자신만의 기준도 없이 무질서하게 분주한 시간, 그런 시간이 바로 청년기인 화의 시간에 해당합니다.

그렇다면 청년기와 같은 화 기운에 필요한 덕목은 무엇일까요? 청년 시절은 앞서간 사람들에게 공경하는 마음을 갖고 삶의 철학을 다져나가야 하는 시기입니다. 화의 에너지는 인간으로써 갖추어야 할 근본이자 따라야 할 최소한의 가이드라인인 예를 통해 발현됩니다. 비로소 화는 예를 갖춤으로써 정돈되고 유의미하게 활용될 수 있습니다. 화 기운이 많을 경우, 확장성은 강해지지만 질서가 없을 수 있습니다. 그래서 사주에 화가 풍부하면 물건을 잘 잃어버리거나 덜렁거리는 일이 상대적으로 잦습니다. 규칙과 체계가 약하다보니 눈에 보이는 것들만 따르다가 놓치는 것이 생겨나기 때문입니다. 또, 남에게 과시하기 위한 보여주기식 태도가 나타나기도 합니다. SNS에 명품을 차려입고 화려한 휴가를 즐기는 사진을 올리거나, 운동을 통해 열심히 가꾼 몸매를 드러내거나, 새로운 문화 또는 밈meme 등을 가장 적극적으로 받아들이고 활용하는 시기가 청년기인 것도 이러한 화의 기질 때문입니다.

저는 어렸을 때부터 시력이 나빴습니다. 난시와 근시를 모두 가지고 있어 안경이나 렌즈를 끼지 않으면 가까운 사람의 얼굴도 구분하기 어렵습니다. 안경을 써 본 사람은 누구나 알겠지만 여름과 겨울만 되면 안경알에 뿌연 김이 서리고, 눕거나 기대고 싶어도 안경테에 눌리는 등 불편한 점이 한두 가지가 아닙니다. 하지만 저는 좋지 않은 시력 덕분에 알게 된 좋은 점도 있습니다. 바로 난시 때문에 흐릿한 밤 조명들이 번져 황홀한 분위기를 자아낸다는 것입니다. 이따금 창가에 앉아 안경을 벗고 아련하게 번지는 희미한 불빛들을 바라보고 있으면 외롭고 적적한 마음에 작은 위로가 되곤 합니다. 누군가에게 반짝이는 불빛은 존재만으로도 반가움이나 편안함을 주기도 합니다. 캄캄한 밤길을 운전하다가 수십 개의 알전구가 촘촘히 장식된 가게를 보면 왠지 들어가 보고 싶었던 경험이 있나요? 한가운데 불을 피우고 사람들이 둘러앉은 캠프파이어 자리, 빛나는 조명, 한낮의 일렁이는 햇빛, 난로에서 나오는 따뜻한 열기 등 불은 사람들에게 평온함과 안도감을 가져다줍니다. 화 기운은 이 세상에 나 혼자만 있는 것이 아님을 느끼게 하는 기운이라고 생각합니다. 하지만 앞에서 언급했듯이 역설적이게도 화는 드러내야 보이는 기운입니다. 그래서 화 기운이 강한 사람들은 자신을 드러내고 표현하고자 하는 욕망이 강합니다. 실제로 눈에 띄고 싶어 하는 외향적인 성격이 아니더라도 조용한 가운데서 은근히 드러나길 바라는 관종들도 이런 화 기운에 해당합니다.

명리학에는 사주를 해석하는 여러 개념이 존재합니다. 그중에서 우리가 꼭 알아야 하는 개념인 '조후'가 있습니다. 조후란 사주에 주어진 온도와 습도를 확인하는 방법을 말합니다. 사람은 누구나 자신의 주변 환경이 평안하길 바랍니다. 사주 속 온도와 습도가 균형 잡혀 있으면 심리적 평안함을 만드는 요소중 하나가 됩니다. 우리에게 주어진 기질과 무의식을 만드는 사주 속 여덟 글자는 자신만의 생각과 행동을 만드는 '마음 속 작은 방'이라고도 볼 수 있습니다. 우리가 가진 이 방들은 자신 각자의 마음 상태에 영향을 줍니다.

 예를 들어 추운 계절에 태어났거나 자신의 사주가 차가운 기운의 글자들로 이루어져 있다면 주어진 사주 환경에서는 쉽사리 편안함을 느끼기 어렵습니다. 마음 속 추위가 오래 지속되면 우울감이나 외로움, 불안한 정서 등 부정적인 감정이 스며들기 쉽기 때문입니다. 그렇다면 이러한 차가운 사주에 간절하게 필요한 오행은 무엇일까요? 바로 화 기운입니다. 화는 추운 사주에 온기를 불어 넣어주고, 활력을 갖게 해 주변을 복잡하지 않고 단순하게 만들어줍니다. 텔레비전 드라마 속 소심하고 우울한 주인공이 지지리 궁상을 떨며 집에 틀어박혀 있을 때, 그를 찾아와 담백하게 주변 환경을 환기하고 농담 섞인 잔소리로 주인공의 우울함을 아무 것도 아닌 일처럼 만들어주는 친한 친구 역할이 바로 화입니다.

사주 속 모든 오행이 그렇듯 이러한 화 기운도 강약에 따라 장단점을 가지기도 합니다. 사주에 화가 너무 많으면 양의 기운에 열정이 더해져 조급하게 결과를 보고자 하는 성향으로 나타날 수 있습니다. 또, 단순하고 쉽게 잊어버리는 기질이 발달해 일의 경중을 파악하기 어렵게 만들어 중요한 것을 놓치거나 제대로 약속을 수행하지 못하는 게으른 낙천주의로 표출될 수 있습니다. 밝음이 강하면 솔직함이 너무 과해 말실수가 생기기도 하고, 직관적이고 빠른 기질 때문에 간혹 감정의 변덕을 만들어내기도 합니다.

솔직하고 거침없는 병화 丙

사주에서 화는 양화인 '병화'와 음화인 '정화'로 나뉩니다. 병화가 가진 에너지는 종종 태양에 빗대어지곤 합니다. 화의 기운 자체도 양기인데 큰 태양에 가깝다니 병화는 우리가 상상할 수 있는 범위 안에서 가장 환하고 밝은 빛에 가깝다고 할 수 있습니다. 丙 글자는 한자의 모양만으로도 얼마나 양의 기운이 강한지 느낄 수 있습니다. 크게 다리를 벌리고 하늘을 향해 서 있는 모습같기도 하고, 하늘 위에서 땅으로 내리쬐는 태양 빛을 그린 것 같기도 합니다. 병화는 모든 생명체와 만물에 차별을 두지 않고 닿을 수 있는 모든 곳에 편견없이 닿아있는 태양처럼 땅에 있는 온 생명체에 가닿지 않는 곳이 없습니다.

병화가 가진 에너지의 움직임은 넓고 광범위하기 때문에 어느 한 부분만 강력하게 영향을 미치는 형태는 아닙니다. 이러한 병화의 특징은 모든 사람과 환경 앞에 공명정

대한 기질로 곧잘 드러납니다. 숨김없이 단순하기도 하지만, 솔직하고 직선적이며 호불호가 잘 드러나는 성격도 가지고 있습니다.

내면의 에너지 정화 丁

음의 화 기운인 丁은 병화와 달리 촛불이나 모닥불처럼 작은 불꽃에 비유되곤 합니다. 병화가 단순히 맹렬하고 솔직한 느낌이라면 정화는 상대적으로 섬세하고 나긋한 느낌을 가지고 있습니다. 정화의 에너지는 병화에 비해 국소적이고 작은 부위에 강하게 영향을 미치는 형태입니다. 촛불처럼 가까운 것을 밝히지만 주변 전부를 드러내지 않는 정화는 같은 화 기운이라도 병화와는 매우 다릅니다.

병화는 하늘 위에 떠있는 태양처럼 앞뒤가 훤히 드러나 본인이 숨기고 싶어도 타인에게 자신이 가진 생각이나 감정이 쉽게 노출되는 반면, 정화는 상대적으로 더 은밀하고 비밀스럽습니다. 하지만 정화도 화 기운이기에 온화해 보이는 가운데 숨겨져 있던 본연의 다혈질적인 기질이 시시각각 감정의 굴곡을 만들어내기도 합니다. 모닥불이 평화롭고 따뜻해 보이지만 손을 가까이 가져가면 뜨거운 기운을 내뿜는 것처럼 겉으로 보이는 모습과 내면에 숨겨진 에너지가 상반된 카멜레온 같은 기운이 바로 정화입니다.

토土
누구나 잘 받아들이지만
완전히 섞이지는 않아요

#무토 #기토 #신 #간절기 #아이어른사이

앞에서 언급했듯 목화토금수 오행은 실제 우리에게 주어진 물체가 아니라 만물이 가지고 있는 에너지의 흐름과 기운들의 특징을 오행에 빗대어 구분한 것입니다. 목은 하늘 위로 솟아오르는 곡직격의 성실과 새로운 시작을 알리는 봄의 기운이, 화는 퍼지고 번지는 확장성의 성질과 활동성을 의미하는 열정적인 여름의 기운이, 금은 단단하게 모으고 조밀하게 수축하는 성질과 결실을 만들어가는 가을의 기운이, 수는 아래로 흐르는 성질과 모은 것들을 거두어서 다시 순환을 위해 휴식을 준비하고 저장하는 겨울의 기운을 비유해서 구분한 것입니다. 그럼 토 기운은 어떤 성질을 가지고 있을까요?

토는 모든 오행처럼 자신만의 고유의 성질을 강하게 가지고 있지 않습니다. 그래서 제일 어려운 기운이 토이기도 합니다. 토는 사계절의 기운들 사이에 존재하는 교차의 시간처럼 모든 기운을 중재하고 중계하는 역할을 합니다. 겨울동안 내린 눈이 완전히 녹고 땅이 온기를 가지기 시작해야만 우리는 봄을 맞이할 준비를 할 수 있듯이, 계절 사이에는 반드시 그 계절을 준비하는 시간이 있게 마련입니다. 즉, 다가올 변화를 준비할 수 있도록 계절과 계절 사이를 연결해 주는 '간절기'가 바로 토 기운에 해당합니다. 토는 같은 기운을 가지고 있다 하더라도 봄과 여름을 교차하는 토 기운과 가을과 겨울을 이어주는 토 기운의 성질이 확연하게 다릅니다. 언제 오는 토인가, 토 주변에 어떤 글자들이 있느냐에 따라 가진 특징이 매우 다르게 나타납니다. 물기가 많아서 걸쭉한 반죽 같은 토양과 물기가 하나도 없이 바스락거리는 토양은 같은 흙이라도 성질에 따라 쓰임새가 달라집니다. 또, 토 기운은 모든 목화금수를 아우르는 '포용성'을 가지고 있습니다. 흙은 따뜻한 화기를 머금기도 하고 흐르는 물을 스며들게 하기도 합니다. 나무로 성장하기 전, 흙 속에서 씨앗이 잘 자라도록, 돌멩이나 금속이 땅 속에서 더 단단해지고 커지도록 돕습니다.

목이 화로 이어지고, 금이 수로 이어지는 사이의 시간인 토의 기운은 세대가 넘어가는 모든 변화의 시간에도 비유되곤 합니다. 사람은 아이에서 어른이 될수록 고민도 커지고 생각이 많아집니다. 또한, 사회가 우리들 각자에게 그 나이에 맞는 어른다운 행동을 요구하기도 합니다. 우리는 이를 철든다, 성숙해진다고 말합니다. 하지만 철이 들기 위해선 이에 앞서 여러 가지를 선별할 줄 알아야 합니다. 자, 2, 30대에 내가 걸어온 길을 생각해 보세요. 잘한 일도 있지만 너무 부끄러워 지워버리고 싶은 일도 있습니다. 사람은 이러한 기억들을 반복적으로 떠올리며 잘한 일은 더 성숙하게 이어받고, 부끄러웠던 일은 반면교사 삼아 더 나은 모습으로 바꿔나가려 노력합니다. 즉, 토에는 계승하고 전환하려는 두 가지 특징이 존재하고 있습니다. 목에서 화로 넘어갈 때, 금에서 수로 넘어갈 때 그 사이 간극을 메워주고, 과거 시절이 전달하는 메시지를 잘 계승해서 다음 세대에 필요한 것으로 전환해주는 역할을 합니다. 이러한 토가 목화금수 기운 중 어느 한쪽으로도 치우치지 않고 각각의 계절에서 받아온 것을 나음 세대로 잘 넘겨주려면 대단한 균형 감각이 필요합니다. 이를 보충하기 위해 토 기운은 인의예지신 중 믿고 의지할 수 있는 태도를 의미하는 신을 필요로 합니다. 토는 목화금수를 따로 배척하거나 구별하지 않고 누구에게나 신뢰를 주는 힘으로써 모든 오행 역시 토의 기운이 가득한 흙에서 안심하고 마음껏 뛰어놀 수 있습니다. 물과 섞여 진흙이 되어도, 바짝 마른 건조한 토양이 되어도 흙이라는 존재는 가치 불변합니다. 변함없는 신용으로 각기 다른 기운들을 차별 없이 끌어안아줍니다. 하지만 무조건 다 받아들이지 않습니다. 모든 오행을 아우르는 동시에 중재하며 균형을 잡기 위해서는 최소한의 신의가 있어야 합니다.

포용성과 더불어 토가 가진 또 하나의 대표적 특징은 오행을 나누고 구분하는 성질입니다. 서로를 교차시키는 중계의 역할을 하는 동시에 각자의 기운이 섞여 뒤죽박죽 되는 것을 중재합니다. 모두와 섞이고 어울리면서도 토는 자신만의 고유한 성질은 고스란히 지니고 있습니다. 이러한 토 기운이 의미하는 방향은 중앙에 있습니다. 한가운데서 동서남북에 위치한 각각의 기운을 중재하고 중계합니다. 따라서 토 일간으로 태어난 사람은 중용을 잘 지키고 모두에게 공평하며 사람들이 기댈 수 있는 사람, 우직하고 보수적이며 약속을 중시하는 사람, 거래를 중요시하는 사람이라는 이야기를 공통으로 들을 수 있습니다. 하지만 같은 토기운이라도 주변에 어떤 기운들이 포진하고 있느냐에 따라 토 일간의 성향이 조금 더 복잡미묘하게 나타날 수 있기 때문에 이러한 기질은 토 본연의 성질 중 하나라는 정도만 기억해 두세요. 토가 모든 기운들을 중재하고 한쪽으로 쏠리지 않도록 도와주는 성질이 있다 보니 사주에 토가 없으면 성격이나 삶의 방향이 극단적으로 쏠려 나타날 수 있습니다. 오행의 에너지들은 제각각 흐르는 형태가 있는데, 이를 중재하는 토가 없다면 본연의 흐름대로만 움직이려고 할 것입니다. 불은 계속 번질 것이고, 물은 계속 아래로 쏟아져 내릴 것입니다. 이처럼 토는 사주에서 중심을 잡아주고 안정감을 갖게 해주는 기운입니다.

사주 속에 토가 없거나 다른 오행에 비해 토가 상대적으로 많이 부족한 사람 중에 워커홀릭이나 연애 중독, 게임 중독처럼 어떤 행위에 치우치거나 감정의 흐름이 극단적으로 양극을 오가는 사람들이 많습니다. 반대로 지나치게 토가 많으면 극단적인 안정감 때문에 움직일 필요성을 못 느끼는 형태로 나타나기도 합니다. 안정감이 강하면 안주하고자 하기 때문입니다. 그런 마음은 곧 정체됨, 게으름으로 나타날 수 있습니다. 타인과의 관계에서도 토가 너무 강하면 우유부단한 태도를 가질 수 있습니다. 목의 우유부단함이 스스로 알면서도 냉철한 결단을 내리지 못해 오는 것이라면, 토의 우유부단함은 모두의 의견을 수렴하고 각각의 입장에 대해 이해하다보니 너도 옳고 나도 옳다는 생각에서 온 것이라 할 수 있습니다.

목적없이 품어내는 무토 戊

토는 양의 토인 '무토'와 음의 토인 '기토'로 나뉩니다. 토 한자는 양기를 머금은 높은 산이나 황무지에 비유되곤 합니다. 산은 모든 생명이 살아갈 수 있는 자리로서 그곳에 사는 생명체들은 어떤 목적이나 실리를 위해서 키워지는 게 아니라 특별한 목적 없이 생명 그 자체를 품어줍니다. 그래서 무토는 토 기운의 대표적인 성질 중에서도 특히 중용의 힘과 포용심을 가진 흔들림이 없는 믿음의 땅이라 볼 수 있습니다. 모든 생명을 품어내는 능력은 자연스럽게 중재와 조정 능력으로 이어집니다. 하지만 산에서 자라는 동식물은 계획적으로 구획을 나누어 필요에 의해 키워지는 게 아니기때문에 실리나 실속과는 조금 거리가 먼 기운이기도 합니다.

무토는 산에 비유됨에서 알 수 있듯이 사람들과 거리낌없이 어울리거나 온전히 함께하는 것보다는 그만의 공간과 거리를 유지하는 느낌이 있습니다. 그래서 사람들 사이에 있으면서도 공허감을 느끼거나 타인에게 내비치지 않는 자신만의 세계를 가지고 있는 사람들이 많습니다. 마치 높은 산 위에 홀로 호젓하게 앉아 왁자지껄하게 사는 마을 사람들을 내려다보는 산山사람처럼 말이죠. 또한, 무토는 믿을 만한 든든함과 우직한 면모를 가지고 있기도 하지만, 이러한 기질이 조금 더 강해지면 보수적이고 융통성 없이 자기만의 세계에 갇혀있는 성향으로 나타날 수도 있습니다. 하늘에 걸려 있는 태양과 비구름을 제외하고 땅에 존재하는 모든 기운 중 가장 높게 우뚝 서 있는 기운인 무토는 자존심과 고집이 셉니다. 이런 무토는 안정적인 것을 선호하고 모험을 꺼리는 기질을 가지고 있기에 자칫하면 현실에 안주하려는 성향이 게으름처럼 비칠 수도 있습니다.

유연하고 부드러운 기토 己

음의 기운을 지닌 기토는 구획 정리가 잘 된 논밭이나 정원에 비유할 수 있습니다. 기토에 해당하는 己 한자를 살펴보면 뭔가 각이 잡혀있는 정리가 잘 된 땅의 모습을 연상해볼 수 있습니다. 기토는 작물을 수확하거나 거둬들이는 목적이 있는 땅에 해당하기 때문에 무토에 비해 현실적이고 실리적인 성향을 보입니다. 이러한 기토의 성질은 융통성이 있는 유연함으로 드러나기도 합니다. 인간관계나 일적인 면에서 적절하게 실리를 추구하는 동시에 본인의 고집이나 주장도 때나 환경에 따라 타협할 수 있는 중도주의적 성향을 가지고 있습니다. 물론 이러한 기질은 때에 따라 자신에게 도움이 되거나 혹은 그렇지 못한 사람이나 환경으로 나누어 필요한 것만 취하는 다소 현실적인 이기주의로 나타날 수도 있습니다.

기토의 己와 을목의 乙 한자 모양은 둘 다 어딘가를 향해 날아가는 새의 형상을 하고 있습니다. 이 글자들의 양 끝을 잡고 쭉 당기면 하나의 직선이 되는데요. 이는 을목과 기토가 역마의 기운을 품고 있다는 뜻입니다. 분주히 움직여야 본인의 기질을 자유롭게 풀어낼 수 있는 활동적인 성향을 가지고 있습니다.

금金

냉철하고 강단 있지만
과신과 아집이 있어요

#경금 #신금 #의 #가을 #장년기

철광같은 금속은 굉장히 높은 밀도를 지니고 있어 부피
당 질량이 매우 높습니다. 빽빽하고 조밀하게 빈틈없이 뭉
쳐진 금속은 무겁고 단단합니다. 사주에 있는 금 역시 촘촘
하고 높은 밀도와 강도의 기운을 지니고 있습니다. 이러한
금은 겨우 몇 번의 노력으로는 결코 만들어질 수 없습니다.
화는 확장하고 퍼져 넓은 범위를 차지하지만 그 기운의 형
태가 무르다고 할 수 있습니다. 반면 금은 모든 기운을 한
점으로 응축하는 에너지의 방향을 띠고 있어 굉장히 강합
니다. 이러한 금의 기운은 가을이라는 수확의 계절을 의미

하기도 합니다. 만물이 바삐 움직이고 활동하던 목, 화와 달리 금은 가꾼 것들을 거둬들이는 '성과의 시간'입니다. 솟구쳐 널리 퍼지기는 하지만 명확한 목적이나 방향성이 약한 봄이나 여름에 비해 가을은 바로 수확이라는 눈앞에 보이는 명확한 목적을 지니고 있습니다. 여름에 해당하는 화 기운은 더 많이, 더 멀리 움직이기는 하지만 특별한 목적에 다다르기 위한 에너지 활동이라기보다 확장과 이동 그 자체로써 의미가 있는 반면, 가을을 상징하는 금은 수확이라는 오직 하나의 목표만을 향한 완고함이 숨어 있습니다.

금 기운은 인의예지신 중 의에 해당합니다. 의는 지금 우리에게 필요한 것이 무엇인지 냉철하게 판단할 수 있는 '결단력'을 기초로 하고 있습니다. 만약 오늘까지 마무리 지을 일과 내일 할 일의 순서를 제대로 판단하지 못한다면 퇴근 시간이 되어도 일은 끊임없이 늘어질 수밖에 없는 것처럼 '아직 덜 익었으니까' 혹은 '더 익을 가능성이 있으니까'라며 계속 기다리다가 수확 시기를 놓친다면 잘 키운 곡식들은 제대로 거둬들이지도 못한 채 시들어갈 것입니다. 이처럼 가을은 버릴 것은 버리고 취할 것은 취하는 결단의 시간인 만큼 막연한 가능성이 아니라 지금 당장 손에 넣을 수 있는 것들을 살피면서 냉정한 판단을 내려야 하는 시기입니다. 그렇다면 가을은 어쨌든 추수를 해야 하는 시기니까 분별없이 무작정 모두 거둬들여야 할까요? 시간과 노동력이 한정적이기 때문에 너무 작거나 속이 곪거나 썩은 열매들은 아깝더라도 내버리고 온전하게 먹을 수 있는 것들 위주로 거둬들여야 합니다. 즉, 금은 주어진 시간 내에 품을 들여 취사선택하는 시간을 뜻합니다. 그러니 지금 뒤돌아보지 말고 상황에 알맞은 결정을 내려야합니다. '정말 잘한 일인가?', '더 두고 보는 게 맞나?', '거둬들이지 말 걸 그랬나?' 이러한 고찰이 금에는 필요하지 않습니다. 모든 상황을 거친 후 내린 판단이기 때문에 자신의 결정이 옳다고 믿는 거죠. 금에게는 어떤 과정을 거쳐왔고 어떤 이상을 품고 있느냐보다 어떤 결과를 냈는지 당장 현실적으로 어떤 것을 가졌는지에 관한 데이터가 더 중요합니다. 그리고 자신의 판단을 근거로 결정을 내렸다면 더 재고 따질 거 없이 그대로 가지고 갑니다. 그래서 금의 기운을 가진 사람은 의지가 강하고 엄격하고 강직합니다. 정확한 목표 의식을 가지고 묵직하게 그것을 향해 나아가며 외부에 쉽게 흔들리지 않는 단단하고 강건한 기운을 가지고 있습니다. 맺고 끊는 결단성과 원리 원칙을 준수하는 확실함을 가지고 있습니다.

금 기운이 강한 사람은 본인이 목적으로 한 것을 지켜내는 힘, 기어코 완수해내는 힘을 가지고 있습니다. 이런 금의 기운은 '숙살지기'에 비유되곤 합니다. 숙살지기란 매섭고 차가운 가을의 살기를 의미하는데요. 수확이라는 하나의 목적을 위해서는 가지와 잎에 남은 단 하나의 수분까지도 열매를 위해 쓰여야 하는 것과 같이 명확한 결과를 얻기 위해서는 희생과 결단성이 필요합니다. 숙살지기는 만물을 죽이는 날카롭고 냉정한 기운으로 해석하지만, 목적한 결과를 얻기 위해 희생하고 새로운 생명을 만들어내는 존엄한 기운이 숨겨져 있기도 합니다. 이처럼 금은 지난 계절 왕성한 활동으로 주어진 가을의 열매를 최대한 온전하게 수확해야 한다는 사명감과 책임감을 가지고 있습니다. 따라서 사주에 금이 강한 사람들은 미사여구나 허례허식이 없는 경우가 많습니다. 필요한 것을 겉포장 없이 요구하여 주고받고자 합니다. 보이는 모양이나 체면치레보다는 실리를 중요시하고 결과를 우선으로 여깁니다. 이 때문에 금의 기운은 본의 아니게 때로는 냉정하고 차갑다는 오해를 받기도 합니다. 요즘 유행하는 성격 유형 검사(MBTI)를 기반으로 하는 성향 검사에 빗대어 본다면 금은 S(오감에 의존하고 현재에 초점을 맞추고 정확한 철저한 일 처리), J(분명한 목적과 방향, 기한 엄수, 철저한 계획과 체계적인 기질)와 유사합니다.

금은 사람의 연령으로 따지면 중장년기에 해당하는 시기입니다. 4, 50대 엄마 아빠 또는 직장 상사의 모습을 떠올리면 알 수 있습니다. 어른들은 열정도 없고 유머도 없고 무미건조한 사람으로 보입니다. 딱딱하고 소통이 잘 안되는 느낌을 받습니다.

"우리 엄마 아빠는 절대 허락 안 할 거야."

"과장님은 너무 고지식해서 이해 못 할걸."

이런 이야기들이 그들을 향합니다. 왜 그럴까요? 그들은 그런 역할을 해야 하는 시기이기 때문입니다. 아이들이 부모님에게 이거 사달라, 저거 배우고 싶다 떼를 쓸 때 어른들은 그런 아이들의 감성적 호소를 논리 정연하게 절충해야 합니다.

"지난 번에 같은 거 샀는데 지금은 안 쓰잖아."

"큰돈 주고 배우기 전에 일단 일일 수업부터 들어봐."

현실적으로 실이 덜하도록 조절하고 일이 어설프게 시작되지 않도록 하는 게 윗사람의 역할인 것처럼, 패기와 부푼 희망만을 가지고 무모한 제안을 하는 젊은 신입사원의 제안이 현실 가능한 것인지 아닌지를 냉철하게 판단해서 잘라야 하는 세대입니다. 이 사람들은 냉정하고 객관적으로 상황을 판단하고 결과를 만들어내야 직성이 풀립니다. #실리 #효용성 #성과주의 #냉철함 등이 금의 해시태그인 것처럼 언제까지나 열정과 희망만으로는 살아갈 수 없다는 현실을 일러줍니다. 즉, 금의 기초에는 반드시 명확한 근거와 냉정한 판단력이 있습니다. 끝없이 위로 솟아오르거나 옆으로 확장만 하는 게 아니라 내실을 다지고 자신의 감정과 주변 상황을 추스를 줄 알고, 아닌 것은 과감히 자르고 살릴 수 있는 것만 살려내는 냉혹한 판단이 필요하다는 사실을 깨우쳐줍니다. 만약 이러한 금이 없다면 세상은 무모한 도전과 실속없는 확장으로 가득찰 것입니다.

이러한 금 역시 과해지면 다른 특징을 만들어내기도 합니다. 금의 기운이 완고하고 강할 경우, 결과 중심주의나 성과 지향적 성향으로 나타날 수 있습니다. 또한 본인의 생각이나 주장이 정답이 되어버려 자칫 하나의 의견을 맹목적으로 따르거나 타협의 여지가 없는 독불장군 기질로 나타날 수 있습니다. 반대로 금의 기운이 부족하면 유연함이 지나쳐 결정을 내리지 못하거나 정에 이끌려 거절하지 못하고 휘둘릴 수 있습니다. 일이나 관계에 있어서도 맺고 끊음이 어려울 수 있습니다. 일의 마무리가 부족하거나 뒷심이 약한 사람들도 사주에 금이 부족합니다. 또, 현실에 정착하지 못하는 몽상가적인 기질을 가지고 있다거나 주변 정리가 잘 안되는 사람들도 사주에 금이 부족할 수 있습니다.

우직하고 앞뒤가 똑같은 경금 庚

양의 금은 '경금'에 해당합니다. 경금은 가공 하기 전 큰 바위나 원석 또는 묵직한 쇳덩이에 비유되는 천간의 글자입니다. 庚 한자는 금의 여러 특징 중 완고함, 책임감, 원리

원칙을 고수하려는 기운들이 더 뚜렷하게 드러납니다. 따라서 어떤 일에도 사리분별이 분명하고 본인만의 의로움을 지키고자 하는 기질이 강합니다. 이러한 경금의 기질은 세련된 방식으로 주변 사람들과 관계를 만들어가거나 유연하게 대처하는 것과는 거리가 멀다 보니 첫인상에서 투박하고 무뚝뚝한 사람이라고 비춰질 수 있습니다. 하지만 깊게 알고 나면 우직하고 단순하며 앞과 뒤가 같은 성정을 가진 사람들이 대부분입니다.

경금은 금의 특성상 체화가 느립니다. 딱딱하고 단단한 성질을 가지고 있기 때문에 유연하게 받아들이는 것이 조금 어려울 수 있습니다. 그래서 겉으로 보면 무엇인가를 시작할 때 상대적으로 더디고 느리게 보이지만, 한 번 속도가 붙기 시작하면 뒤떨어진 사이를 단번에 따라잡을 수 있을 만큼 후반부에 강한 기질을 가지고 있습니다.

섬세하고 날카로운 신금 辛

음의 금은 '신금'이라고 부릅니다. 양의 금인 경금이 가공 전의 원석이나 바윗덩어리처럼 투박한 본래의 기운을 가지고 있다면, 辛 한자는 가공을 모두 마친 형태의 기운을 의미합니다. 원석을 가공해 커팅이 예쁘게 들어가 있는 반짝이는 보석이나 쇠를 날카롭게 다듬은 뾰족한 칼이나 예기는 살아있는 송곳의 기운을 가지고 있습니다. 그래서 꼼꼼하고 섬세하며 남들은 보기 힘든 것들을 찾아낼 줄 아는 아주 날카로운 시야를 가지고 있습니다.

이미 완벽하게 가공을 마친 우아한 보석같은 모습이다 보니 경금보다 조금 더 세련되게 자신을 드러낼 줄 압니다. 본인이 이미 완벽하고 아름다운 보석으로 가공된 상태이기 때문에 사람들에게 그렇게 보이길 원하고 그런 형태의 관계들을 추구합니다. 따라서 본인이 이상적으로 꿈꾸는 관계를 잘 가꾸어 나가기 위해 애를 쓰다가 타인에게 상처를 받기도 하고, 힘든 상황에 처하면 돌연 관계를 끊어버리거나 돌아서는 사람들이 이에 해당합니다. 그렇지 않더라고 본인 또는 타인에게 들이대는 그만의 엄격한 잣대가 있다 보니 때와 장소에 따라서는 예민하거나 까칠한 모습으로 드러나기도 합니다. 섬세한 면은 커다란 장점이자 동시에 약점이 될 수도 있습니다.

(((●)))

수 水
지혜롭지만 자기만의
상상 속 세계가 있어요

#임수 #계수 #지 #겨울 #노인

저는 물속에서 둥둥 떠다니는 것을 무척 좋아합니다. 각박한 세상과 인간사에 찌들어 힘들 때면 잔잔한 바다나 수영장 물속에 몸을 담그고 누워 하릴없이 떠다니거나 (혹은 그런 상상을 하거나) 욕조에 따뜻한 물을 가득 채우고 그 안에서 손발이 쪼글쪼글해질 때까지 찰랑이는 물의 흐름에 몸을 맡길 때도 있습니다. 귀까지 모두 물에 잠기고 나면 어느새 시끄럽던 세상이 고요해지고 내 몸을 감싸고 있는 물은 나에게 꼭 맞는 모양으로 부드럽게 내 몸을 흔들어줍니다. 갓난아이가 엄마의 뱃속 안에 있다면 이런 느낌일까요?

저는 물속에서 말로는 다 표현하지 못할 편안함을 느낍니다. 물속에 잠긴 시간이야말로 저에게 완벽한 휴식과 충전의 시간을 만들어줍니다.

우리나라에 대중적으로 알려지진 않았지만 플로팅 테라피floating therapy라는 이색 치유 체험이 있습니다. 잔잔한 명상 음악이 흘러나오는 어두운 물탱크 속 염수 안에 홀로 들어가 세상의 소음과 완전히 단절되어 본인만의 시간을 보내는 경험인데요. 해외에서 한때 예약이 어려울 정도로 번성했던 이 체험은 특히 경쟁이 심한 운동선수나 스트레스가 많은 직업군에 종사하는 직장인들에게 각광받았습니다. 이런 특별한 체험이 아니더라도 많은 사람들이 스트레스를 피하기 위해 잠시 떠나는 장소 중에 바닷가가 압도적으로 많습니다. 바다에는 한 눈에 담기지 않는 광활한 수평선을 바라보며 마음을 확 트이게 해주는 마법이 숨겨져 있습니다.

제 어머니는 잠을 청하거나 몸이 아플 때를 제외하고는 절대 침대에 눕지 않습니다. 함께 살면서 잠시 소파에라도 비스듬히 몸을 기대고 편히 쉬는 모습을 본 적이 없습니다. 끊임없이 해야 할 일을 찾고, 일이 없어지면 다시 일을 만들어 하십니다. 함께 여행을 떠나면 시간을 분 단위로 쪼개 부지런히 유명한 관광지를 구경다니고 열심히 사진을 찍습니다. 그렇게 하지 않으면 몹시 답답함을 느낍니다. 이와 반대로 저는 어머니가 다양한 체험을 즐기며 여행 온 기분을 만끽하는 동안 가만히 앉거나 누워 눈으로 주변을 즐깁니다. 어머니의 분 단위 부지런한 여행 스케줄에 절대 저를 맞출 수 없으니까요. 저는 어머니와 정반대로 움직이는 것보다 누워있는 것을 좋아합니다. 소파에 비스듬히 누워 아무것도 하고 있지는 않지만, 머릿속으로는 수많은 상상의 나래를 펼치며 열심히 무언가를 구상합니다. 일주일 동안 집 밖을 나가지 않아도 전혀 답답하지 않습니다. 무언가를 생각하고 행동으로 옮기기까지 답답할 정도로 오래 걸립니다.

지금은 둘도 없는 친구 사이지만 어린 시절 어머니와 저는 서로 달라도 너무 달라 함께 사는 것이 무척 힘들었습니다. 어머니에게 저는 게으르고 무기력한 딸이었고, 저에게 어머니는 무자비하고 무엇이든지 너무 성급하기만한 사람이었으니까요. 하지만 사주를 공부한 후, 저희 모녀 관계는 극적으로 변하기 시작했습니다. 어머니는 불바다에 물이 하나도 없는 기질을 타고 났고, 저는 사주에 화는 하나도 없이 물만 절반 이상을 차지하는 기질을 가지고 있다는 사실을 알게 되었습니다. 그동안 우리 모녀는 서로 가지고 태어난 기질들이 다르다는 사실을 모른 채 본인이 가진 기운만을 가지고 상대를 평가하려 했음을 깨닫게 되었습니다. 이처럼 서로가 다름을 인정하고 받아들이는 것이야말로 명리학을 공부하는 순기능 중 하나가 아닐까요?

명리에서 수 기운을 관장하는 대표적인 힘은 휴식, 저장 및 비축과 관련이 깊습니다. 사람이든 동물이든 심지어 풀 한 포기조차도 자신의 생명을 유지하기 위해서는 열심히 일한 만큼 필히 잘 쉬어야만 합니다. 이것은 절대적인 순리입니다. 그래서 수 기운은 사계절 중 '겨울'에 해당합니다. 겨울은 겉으로 보기에 모든 것이 얼어붙어 아무런 활동이 없는 황량한 계절처럼 보입니다. 그러나 보이지 않을 뿐 추위 속에서 모든 동물은 휴식을 취하고, 대지는 영양분을 머금으며 내일을 준비합니다. 긴 시간 내내 달려온 고단한 여정을 마무리하는 중요한 시간인 동시에 새로운 시작을 준비하는 시기가 겨울입니다. 그동안 사용했던 힘을 다시 충전하고 새로운 출발을 하기 위해선 힘을 비축해야 합니다. 또, 수 기운은 '밤의 시간'을 의미하기도 합니다. 하루를 마무리하고 지친 몸을 달래며 내일을 위한 재충전의 시간을 갖는 밤의 시간처럼 수 기운과 연결된 모든 것은 이런 휴식과 충전을 위한 시간으로 이어져 있습니다. 그래서인지 사주에 수 기운이 부족한 사람은 불면증을 가지고 있거나 제대로 휴식을 취하지 못할 확률이 매우 높습니다. 일을 하면서도 끊임없이 머릿속으로는 다음

해야 할 일을 생각하느라 느긋하게 앉아 쉬기 어려운 경우가 많습니다. 반면, 수 기운이 과한 사람은 너무 느긋한 나머지 게을러 보인다거나 쓸데없는 생각을 하는 몽상가로 비칠 수 있습니다. 수의 유연한 면이 결정력과 실행력을 떨어뜨리기 때문입니다. 유연함과 융통성을 가진 수 기운은 부족한 경우, 타인을 이해하려는 마음이 상대적으로 부족합니다. 반대로 수 기운이 과한 경우 자기합리화로 나타날 수 있습니다.

사주에서 수 기운은 인의예지신 중 지는 '지혜'와 관련이 깊습니다. 수는 목의 어린아이, 화의 청년기, 금의 장년기를 거쳐 마침내 노년기에 들어섰음을 의미합니다. 좌충우돌 몸소 겪으며 체득한 것, 누군가 좋다고 하거나 상황 때문에 어쩔 수 없이 무작정 획득한 것 등 우리에겐 무분별한 지식들이 각자 살아온 시간만큼 쌓여 있습니다. 하지만 이것은 체득의 과정을 거쳤을 뿐 완전한 확인의 과정을 거친 것은 아닙니다. 좋고 나쁨은 내가 직접 경험하고 판단해서 결정해야 합니다. 누군가에게 해당된다고 해서 나에게도 그러리라는 법은 없습니다. 사람은 각자 개별적인 존재이기 때문입니다. 그래서 나이를 먹을수록 성숙하게 구분하고 판단할 줄 알아야 합니다. 이러한 시비지심 즉, 참과 거짓을 구분하고 옳고 그름을 판단하는 마음이자 지혜로운 성향이 바로 수가 지향하는 것이고, 이러한 목표를 가진 것에는 늘 지혜가 깃들어 있습니다.

수는 그동안 쌓아온 것들을 잘 구분하고 분류해서 깨끗하게 정화합니다. 모든 것을 씻어냅니다. 잡다한 것들을 모두 흘려보내고 오직 본질만 남겨 놓습니다. 그래야 마지막 한점으로 잦아들고 축소되는 에너지에 섞여 들어갈 수 있으니까요. 수는 줄이고 줄이는 과정 속에서 참으로 남아야만 하는 삶의 정수만을 남깁니다. 농축된 삶의 지혜를 가진 노인처럼 말이죠. 노인이 살아가는 삶의 여정을 떠올려보세요. 끝없이 버리고 또 버립니다. 사랑하는 사람들을 떠나보내고, 젊고 건강했던 에너지가 서서히 잦아드는 모습을 지켜보면서 마지막까지 자신이 진정 지켜내야 하는 것이 무엇인지 고르고 골라냅니다. 또, 물에 비친 내 얼굴을 들여다보듯 가만히 멈춰서서 고요하게 자신의 내부를 들여다볼 줄 아는 통찰력을 지니고 있습니다. 물은 조금만 움직여도 번지기 때문에 자신을 또렷하게 들여다보기 위해선 움직이지 말고 가만히 멈춰서야 합니다. 이러한 수용 능력과 통찰력은 수가 가진 특별한 힘입니다. 지식의 선별과정을 마친 수는 오직 나만의 본질이 재창조되는 시간으로 이어집니다. 또, 자궁이자 생명의 근원을 뜻하는 수 기운은 상상력이나 창작 능력과도 관련이 깊습니다.

솔직하고 거침없는 임수 壬

양의 수는 '임수'입니다. 임수는 흔히 바닷물이나 강물 또는 저수지처럼 크고 넓은 물의 집합에 비유되곤 합니다. 임수 일간이나 글자 壬의 대표적인 특징은 '명석함'입니다. 이는 학교 같은 교육기관에서 요구하는 똑똑함이 아니라 주어진 상황에서 어떤 판단을 하고 어떤 길을 찾아 앞으로 나아갈 수 있는지, 지혜로움을 필요로 하는 자리에서 빛나는 현명함에 가깝습니다. 이러한 현명함은 주변 사람들을 불러들이는 매력으로 이어져 도화를 만들어내기도 합니다.

임수 일간의 사람은 자신의 의견을 강하게 드러내지는 않지만, 웃는 얼굴로 본인의 의견을 밀고 나가기도 하고, 결정적인 순간에 본인이 원하는 바나 자신의 의견을 관철하는 사람들이 많습니다. 보이지 않지만 속으로 고집이 있는 사람들이 이에 해당합니다. 임수나 계수 일간은 사주에서 검은색으로 표현하는데, 임수나 계수 일간을 가진 사람들 중에는 속이 잘 들여다보이지 않는 물속처럼 비밀스럽고 속을 알 수 없는 사람들이 많기 때문입니다.

내면의 에너지를 가진 계수 癸

음의 수 기운은 '계수'에 해당합니다. 글자 癸는 하늘에서 내리는 비나 이슬에 비유되곤 합니다. 열 개의 천간 중 가장 마지막에 따라오는 일간에 해당하며 모든 일간 중에서 가장 음의 성향을 많이 가지고 있습니다. 수 기운 역시 오행의 음양 배정을 따지면 음에 해당하므로 음 기운의 끝판왕이라고 볼 수 있습니다.

비밀스럽고 조용한 기질을 가진 사람들이 많은 계수의 경우, 단체 생활에서 자신의 의견을 강하게 드러내기보다는 조용히 뒤따라오는 성향의 사람들이 더 많습니다. 소리 없이 모든 것과 어우러지는 능력을 갖추고 있습니다. 아이러니하게도 계수의 이런 특징은 오히려 소리 없이 자신의 것을 조용하게 챙기는 실속 있는 성향으로 이어지기도 합니다. 계수 일간은 온전히 자신을 드러내고 서로의 치부를 공유하며 보듬는 형태의 인간관계가 아니기에 이들과 관계를 원하는 상대로부터 정이 없어 보인다거나 다소 개인주의적이라는 평가를 받을 수 있습니다.

제3장

나는
어떤 사람일까 1

'나'를 구성하고
있습니다

여러분, 혹시 복잡하고 어려운 한자들 때문에 사주를 들여다보기도 전에 겁먹었나요? 아니면 한자들을 대충 익힌 후 무턱대고 사주풀이를 시작했나요? 이번 장에서는 나의 타고난 기질을 깊숙이 공부하기 전에 네 개의 기둥과 여덟 개의 글자로 이루어진 사주팔자가 어떤 기질과 역할을 가지고 있는지, 어떻게 관계 맺고 영향을 끼치는지 살펴보면서 각자가 지닌 기운을 좀 더 쉽게 이해해 보겠습니다.

사주와 팔자는 가진 의미와 뜻하는 바가 각각 다릅니다. 사주명식에서 여덟 개의 칸은 천간이라 부르는 위의 네 칸과 지지인 아래 네 칸으로 구분합니다. 천간은 위 칸에 있는 세력답게 그 성질이 하늘과 가깝습니다. 우리가 바라보는 개념으로 추상적이고 포괄적인 생각의 영역에 더 맞닿아 있습니다. 사람의 정신적인 면이나 이상과 방향에 더 많은 영향을 미치는 자리입니다. 천간은 사람의 머릿속에서 지시를 내리는 세력으로, 회사 내 직급과 연결 지어 예를 든다면 임원에 비유할 수 있습니다. 회사를 어떤 식으로 성장시켜나갈 것인지 큰 틀에서 방향을 제시하고, 목표를 설정하는 역할을 합니다. 실제 회사 내 임원의 임무는 여기에만 국한되지 않지만, 쉬운 이해를 위해 역할로 비중을 나눠봤을 때 이러한 역할이 사주 속 천간과 유사합니다.

그렇다면 지지는 어느 직급에 비유할 수 있을까요? 위에서 지시가 내려오면 포괄적인 방향을 잡고 제시한 목표 달성을 위해 현실적이고 실질적인 업무를 하는 직원에 해당합니다. 지지는 천간이 땅으로 내려와 형태를 이룬 것으로 더욱 명확한 시공간의 개념을 가지고 있으며 천간보다 좀 더 구체적이고 현실적이며 복잡합니다. 그래서 천간보다 지지에 더 많은 의미가 숨겨져 있습니다. 회사 임원이 방향을 제시하면 직원이 그것을 구체적으로 실행하듯 지지는 서로 뜻이 통하는가, 주변 환경을 잘 드러내도록 만들어졌는가, 실질적인 업무 역량은 어느 정도인가, 뜻이 어떤 기세로 펼쳐지는가 등 조금 더 세부적이고 실질적인 부분을 유추해나갈 수 있습니다. 천간의 임원들은 내가 가진 뜻을 명료하게 드러내기 때문에 뜻을 숨길 필요가 없지만, 실질적인 업무를 보는 지지는 많은 의미를 숨기고 있습니다.

천간과 달리 지지는 표면적으로 드러나는 뜻 외에 '지장간'이라는 개념을 가지고 있습니다. 지장간은 지지 속에 숨겨진 오행으로써 나를 구성하는 숨겨진 글자들을 뜻합니다. 지지 속에는 최소 두 개 이상의 나를 구성하는 글자들이 숨어있습니다. 현명한 부장님이 아무리 멋진 기획안을 내놓아도 이를 뒷받침해 줄 직원이 없다면 힘에 부치듯 똑똑하고 성실한 직원이라 해도 방향을 제시해 주는 리더가 없다면 중구난방으로 일을 벌이게 되어 효율성이 떨어지거나 들인 공에 비해 엉성한 결과를 낳을 수 있습니다. 천간이 하늘이라면 지지는 하늘의 것들이 땅으로 내려온 꽃과 나무 그리고 계절입니다. 천간이 선생님이라면 지지는 스승의 뜻을 받아들이는 학생입니다. 이처럼 천간과 지지는 둘로 나누어져 있지만 따로 떼어놓고 볼 수 없습니다. 사람의 운명과 관련지었을 때 둘 다 모두 중요한 의미를 지니고 있기 때문입니다.

명리학은 형이상학에 해당하는 복잡한 학문입니다. 그렇다보니 천간과 지지의 관계를 단순하고 명료하게 규정짓기는 어렵습니다. 정해진 정답이나 단 하나의 원리로 규정짓지 않고 깊이 있는 사고를 통해 본질을 밝히고자 합니다. 따라서 사주 속 음과 양, 목화토금수, 천간과 지지의 관계를 비롯한 모든 요소들을 충분히 공부한 다음 본인만의 시각으로 재해석해 보는 과정이 필요합니다.

(《 《 ● 》 》)

생하냐 극하냐,
그것이 문제

우리는 사주팔자라 불리는 나의 연월일시에 해당하는
회사를 하나씩 품고 태어났습니다. 내가 운영하는 회사 조
직은 나를 의미하는 일간을 포함해 총 여덟 명의 직원으로
이루어져 있습니다. 회사를 구성하는 여덟 글자는 우리가
세상을 떠나는 마지막까지 절대로 변하거나 바뀌는 일 없
이 함께 가는 운명 공동체입니다. 저마다의 목적을 가진 여
덟 명의 구성원은 나와 어떤 관계 혹은 어떤 역할인지에 따
라 컨설팅, IT, 디자인, 청소 용역 등 다양한 회사를 꾸릴 수
있습니다. 즉, '사주를 본다'의 의미는 나의 회사 내에 있는
구성원이 누구인지, 구성원 간의 사이는 어떤지, 그들이 나
에게 어떤 역할을 하는지, '나'라는 회사를 어떠한 조직으

로 꾸려나갈지, 어떤 가능성을 가지고 있을지 확인해 보는 행위입니다.

앞서 살펴봤던 오행의 목화토금수는 사주 구성원의 '국적'에 비유할 수 있습니다. 제각기 다른 나라에서 온 여덟 글자는 행동 양식도 생각과 방향도 모두 제각각입니다. 여기서는 내가 무엇으로 태어났는지, 내가 어떤 국적을 가지고 있는지 살펴보는 것이 제일 중요합니다. 나의 국적에 따라 다른 나라에서 온 구성원들과의 관계나 역할이 달라지기 때문입니다. 어떤 나라는 우방국으로 나를 도와주는 구성원이지만, 어떤 나라는 나의 도움을 받기보다 오히려 내가 도와줘야 하는 나라에 소속된 구성원일 수도 있기 때문입니다. 아니면 나를 견제하거나 제어하려는 구성원일 수도 있습니다.

그들이 나에게 각각 어떤 역할을 하고 있는지, 나와의 관계가 어떠한지 판단할 줄 알아야 자신의 기질과 내면에 숨겨진 잠재력은 물론 필요한 것까지 알아볼 수 있습니다. 이것을 명리학에서는 '생극제화'라고 부릅니다. 그중 중요한 두 가지가 바로 '생과 극'입니다. 생은 돕고 힘을 실어주는 관계이고, 극은 제압하고 누르는 관계입니다.

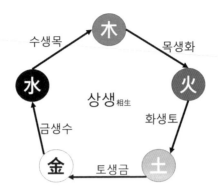

위의 그림처럼 상생의 관계는 목화토금수 순서대로 이어 집니다. 목은 화를 생하고 화는 토를 생하며 토는 금을 생 하고 금은 수를 생하고 수는 다시 목을 생합니다. 나무인 목 기운은 장작이 되어 불의 기운인 화를 키워냅니다. 이것을 '목생화'라고 합니다. 따뜻한 온도와 볕이 닿은 땅은 생명 력을 가지고 더 많은 작물을 생산해냅니다. 이를 화는 토를 생한다, 도와준다 하여 '화생토'라고 합니다. 땅에 묻힌 금 덩어리나 광석은 그 속에서 더 커지고 단단해집니다. 이를 토가 금을 생한다 하여 '토생금'이라고 합니다. 차가운 금 속 표면에 맺히는 물방울을 떠올려보세요. '금생수'가 사연 스럽게 이해될 것입니다. 마지막으로 나무의 영양분이 되 는 물은 수가 목을 생한다하여 '수생목'이라 합니다. 목생 화부터 화생토, 토생금, 금생수, 수생목까지 이것을 도표로 그려보면 사이좋게 둘러가면서 다음 타자를 도와주는 모습이 눈에 띕니다. 이것이 바로 '생의 관계'입니다.

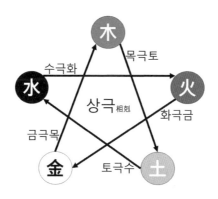

반면, 극의 관계는 나의 다음, 그다음에 오는 오행을 누르는 형태로 나타납니다. 목은 화 다음에 나오는 토를 극합니다. 화는 토 다음에 오는 금을 극합니다. 이런 식으로 나의 다음, 그다음에 오는 오행을 제압하고 누르는 관계가 '극의 관계'입니다. 나무뿌리가 자리 잡기 위해 땅을 내리 누르는 모습을 떠올려보면 알 수 있듯이 목은 토를 극합니다. 이를 '목극토'라 합니다. 돌덩어리나 광철을 제련할 때 쓰이는 것은 불입니다. 따라서 화는 금을 극하고 제련한다고 해서 '화극금'이라고 합니다. 흙은 제방과 둑이 되어 물을 막는 역할을 합니다. 물이 넘쳐흐를 때 흙을 높게 쌓으면 물이 흐르지 못합니다. 토는 수를 제압하고, 이를 '토극수'라고 부릅니다. 금으로 만든 도끼는 나무를 베어내는 역할을 합니다. 금이 목을 극하는 '금극목'입니다. 물은 불을 제압하고 꺼뜨려버립니다. 그래서 화가 수를 극하는 관계 '수극화'라고 합니다. 목극토, 화극금, 토극수, 금극목, 수극화는 극하는 관계에 따라 그래프로 그려보면 별 모양이 생겨납니다.

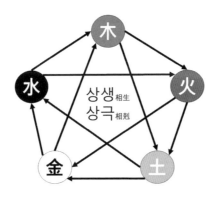

명리학에서는 내가 생을 당하는가 가하는가 혹은 내가 극을 당하는가, 극을 가하는지에 따라 그 관계에 이름을 붙였습니다. 우리는 이러한 관계를 '십성'이라 부릅니다. 십성은 열 개의 별이라는 뜻으로, 목화토금수 오행을 음양으로 나누어 구성해놓은 기운입니다. 열 개의 신이라는 뜻을 가진 '십신'으로 부르기도 합니다. 이 기운들은 사람들 각각의 사주 속에 주어져 있습니다. 십성은 크게 나를 지지하거나 도와주는 세력과 나를 극하거나 가진 힘을 설기하는 두 가지 세력으로 나눠볼 수 있습니다. 사주에서 십성은 내가 누구인가에 따라 나와 동류 세력인 비견과 겁재가 있습니다. 비견은 나와 음양이 같고, 겁재는 나와 음양이 다른 세력입니다. 이들을 아울러 '비겁'이라 부릅니다. 나를 돕는 세력에는 정인과 편인이 있습니다. 정인은 나와 음양이 다르고, 편인은 음양이 같습니다. 이들을 함께 '인성'이라고 부릅니다. 나와 같은 세력인 비겁과 나를 돕는 세력인 인성을 합쳐 '인비'라 합니다. 이들은 나를 도와 내가 강해지도록 만들어줍니다.

반대로 나를 극하는 역할에는 나와 음양이 다른 정관과 음양이 같은 편관이 있습니다. 이들을 함께 '관성'이라 부릅니다. '식상'이라 불리는 식신과 상관은 나의 힘을 설기하는 오행입니다. 식신은 나와 음양이 같고 상관은 일간과 음양이 다릅니다. '재성'은 나와 음양이 같은 편재와 나와 음양이 다른 정재로 구성되며, 내가 극하는 관계에 해당합니다. 식상, 재성, 관성을 합쳐서 '식재관'이라고 칭합니다.

처음에는 당연히 이를 부르는 용어가 생소하고 어색할 수 있습니다. 이후에도 용어들은 계속 등장할 테니 일부러 머리 아프게 미리 외울 필요는 없습니다. 이러한 역할을 하는 글자들을 공부하다보면 단순히 나를 도우니까 좋은 것, 나를 극하니까 나쁜 것이라고 생각하게 되는 경우가 많습니다. 그러나 어떤 역할이든 균형이 중요할 뿐 모두가 내 사주에 필요한 역할을 하는 존재입니다. 이들은 단순히 '나'에 해당하는 일간을 돕거나 극하는 역할만 하지 않습니다.

가진 의미가 무궁무진하고 다양합니다. 따라서 십성이 가진 의미를 꼼꼼히 살펴보는 것만으로도 자신이 가진 기질과 성향을 이해하는데 어느 정도 도움이 될 것입니다. 이제부터 사회적 관계를 뜻하는 십성의 특징에 대해 자세히 이야기해 보겠습니다.

	(음양이) 같다	(음양이) 다르다	합	통칭
동류 세력	비견	겁재	비겁	인비
돕는 세력	편인	정인	인성	
설기하는 세력	식신	상관	식상	식재관
내가 극하는 세력	편재	정재	재성	
나를 극하는 세력	편관	정관	관성	

비견 比肩
고집스러운 나의 편

#동류의 힘

비견은 나와 동일한 오행에 동일한 음양을 가진 존재에 해당합니다. 견줄 비比, 어깨 견肩 즉, '어깨를 나란히 한다'는 의미를 가지고 있습니다. 사람 사이의 관계에 빗대었을 때 비견은 나의 형제자매, 동료, 친구를 뜻합니다. 더 넓게는 나와 함께하는 내 세력으로 해석할 수 있습니다. 예를 들어 홀로 낯선 사람들만 가득한 쓸쓸한 상황에서 친한 친구가 불쑥 나타난다면 어떤 기분이 들까요? "와, 정말 다행이다. 여기 내 친구가 있었네." 방금까지 막막했던 기분은 사라지고 그곳은 친구와 모험을 즐기는 미지의 장소로 바뀝니다. 두려움과 쓸쓸함 대신 든든함과 자신감이 생겨납니다. 이렇듯 비견은 나의 믿음직스러운 친구 같은 역할을 하는 십성입니다. 비견이 사주 내 긍정적인 자리에 있을 경우 건강한 자기 확신으로 이어질 수 있습니다. 나와 뜻을 함께하는 든든한 친구가 후원자 역할까지 해준다면, 그런 존재가 나와 같은 기운을 가졌다면 세상을 다 가진 기분이겠죠. 스스로를 믿어주는 자기 확신이야말로 힘든 상황을 버틸 수 있는 끈기를 갖게 하고 주체성을 심어줄 것입니다. 또, 비견은 사주에서 나를 강하게 눌러 극하거나 나의 힘을 빼앗아 가는 오행이 있을 때, 그런 오행들이 나를 과도하게 내리 누르거나 내 힘을 설기하려고 할 때 힘의 작용에서 밀리지 않도록 내 편이 되어 나를 돕습니다. 하지만 명리에서 긍정과 부정 중 한 면만 가진 요소들은 없는 것처럼 나를 받쳐주고 있는 비견으로 인해 자기 확신과 자존감이 과해지면 강한 아집으로 변질될 수 있습니다. 나의 든든하고 긍정적인 지원군 역할을 하는 비견이지만 나의 확신이 너무 강해지면 타인의 의견을 수용하면서 자신의 일면을 부정하기 어려워집니다. 권위에 복종하거나 종속되는 것 역시 비견이 강한 사람에게는 어려운 일이 될 수 있습니다.

사주 속에 비견을 품고 있는 사람은 상대방이 슬프거나 억울한 일을 당했을 때 나의 일처럼 공감해줍니다. 그러기 위해 일부러 노력하는 것이 아니라 자연스럽게 함께 나누려 합니다. 이러한 비견이 때론 어떤 글자 옆에 어떻게 존재하느냐에 따라 나를 도와주기보다는 내 것을 나눠줘야 하는 관계가 될 때도 있습니다. 내가 억울하거나 어려울 때 같이 싸워주기도 하지만 동시에 내가 밥을 먹을 때마다 숟가락을 들고 한 입만을 외치며 달려오는 존재입니다. 비견은 나와 공동체 즉, 같은 팀이라고 생각합니다. 그러니 똑같은 에너지를 들여 일을 했을 경우, 당연히 성과도 똑같이 나눠야 한다고 생각합니다. 늘 같이 맞서 주고 함께 힘써주는 비견인만큼 내 주머니에 콩 한 쪽, 쌀 한 톨까지 같이 나눠 먹어야 하지 않겠어요? 하지만 이런 이치가 무시되는 상황은 빈번하게 발생합니다. 다양한 인간 군상이 모여있는 사회니까요. 비견은 불합리하고 불공평한 관계에서 강한 스트레스를 받기도 합니다. 예를 들어 팀원들이 다 함께 공들여 프로젝트를 완성하고 성공시켰는데 팀장만 성과를 인정받고 포상을 탄다거나, 부모님이 딸에게는 현금 천만 원을, 아들에게만 땅 천 평을 유산으로 물려줬다면(이런 상황은 누구나 마음에 안 들겠지만) 비견은 마음에 안 드는 정도가 아니라 이해 자체를 못합니다. 비견이라는 십성 안에는 평등을 지향하는 정신이 새겨져 있기 때문이죠. 실컷 같이 품앗이를 해놓고 공정하지 못한 결과로 흐르는 것을 가장 못마땅하게 여깁니다. 이러한 특징은 눈에 보이는 성과나 재물뿐 아니라 감정과도 연결되어 있습니다.

2012년 개봉한 영화 「헝거 게임」은 베스트셀러 동명소설 시리즈를 원작으로 하고 있습니다. 제가 좋아하는 배우 제니퍼 로렌스가 주인공인 데다 스토리와 설정이 독특하고 재밌어서 이따금 다시 보는 영화입니다. 스노우 대통령이 다스리는 독재국가 판엠은 13구역이 반란을 일으킨 후,

그 피해를 잊지 말자는 의미로 매년 각 구역에서 남녀 조공인을 선발하여 생존을 겨루는 헝거 게임을 벌입니다. 총 24명 중 단 한 명만 남을 때까지 서로 죽고 죽이는 잔혹한 살육 대회를 국가가 직접 진행하는 거죠.

주인공 캣니스는 헝거 게임 추첨에 지목된 여동생을 대신해 12구역의 조공인으로 지원합니다. 하지만 캣니스는 모두를 죽이고 마지막의 생존자가 되어야 함에도 옆에 있는 사람들과 함께 생존하기 위한 여러 방법을 시도합니다. 배를 곯는 와중에도 동생을 떠올리게 하는 다른 구역의 어린 조공인에게 음식을 나눠주기도 하고, 다친 상대를 방치하지 않고 치료해주기도 합니다. 자신보다 강하고 힘센 다른 구역의 대표와 당당히 맞서 싸우며 절대 주눅들지 않습니다. 상대를 죽여야 내가 살아남을 수 있는 학살의 현장에서 말이죠. 우여곡절 끝에 캣니스와 어린 시절 자신을 도와주던 피터만이 마지막 생존자가 되면서 영화는 끝이 납니다.

영화 속 주인공인 캣니스는 가장 '비견스러운' 특징을 가진 캐릭터입니다. 동생을 대신해 살육 게임에 자원하는 용기, 자신보다 힘이 약하다고 해서 나와 다른 사람으로 보지 않으려는 태도, 경쟁자를 죽이는 선택이 아니라 내가 가진 것을 나누어 어떻게든 함께 생존하려는 의지는 '너와 나는 다르지 않다', '우리는 하나다'라는 뿌리 깊게 박힌 비견 특유의 '동류의 힘'이라고 볼 수 있습니다. 비견과 겁재의 특징은 우리나라 독립을 위해 온 힘을 바쳐 희생하신 독립운동가들에게도 많이 드러납니다. 내 안의 나에게 힘을 실어주는 나의 동지들이 함께하고 있으니 외부의 압력에 쉽게 휘둘리지 않는 거죠. 비견은 현실을 위해 적당히 타협하기보다는 본인의 뜻을 지키고 그 뜻을 향해 오롯이 나아가고자 하는 강직함을 지니고 있습니다. 나와 주위 사람을 동일시하여 주변의 친구나 가족들이 억울한 일을 당했을 때 그 일을 내 일처럼 여기고 같이 분노하며 그를 위해 반대 세력에 맞서기도 합니다. 나라는 비견은 너와 나를 구분하지 않고 하나의 공동체로 여깁니다. 같은 팀인 우리는 뭐든지 함께 나누고 짐도 짊어질 수 있습니다. 그렇지만 살다보면 "도와준 건 고마운데 너는 너고 나는 나야."라는 사람들을 만날 때가 있습니다. 이럴 때마다 비견은 많은 스트레스를 받기도 합니다.

동류의 힘은 사주 속에서 나를 지지하며 주체성과 인내를 만들어주는 고마운 요소 중 하나임이 분명하지만, 타인과 자신이 다름을 이해하는 것을 어려워할 수도 있습니다. 내 속에 나와 같은 사람이 들어와 있으니 생각이 한쪽으로 쏠릴 수밖에요. 정답으로 생각하는 영역이 한정적이고 생각이 고착될 수 있습니다. 더 나아가 강한 고집과 자기 주장으로 이어질 수도 있습니다.

겁재劫財

굴하지 않는 승부욕

#경쟁의 힘

겁재는 나와 동일한 오행이지만 음양이 다른 존재입니다. 기본적으로는 나와 오행이 같다 보니 비견과 비슷한 특징을 많이 가지고 있습니다. 하지만 겁재는 위협할 겁劫, 재물 재財를 써서 '재물을 겁탈하는 존재'라는 속뜻을 가진 십성입니다. 아니, 나와 같은 오행이라면서 재물을 겁탈해간다니 이게 무슨 소리냐고요? 비견과 마찬가지로 겁재도 나와 오행이 같으니 도와주는 세력이어야 하잖아요. 맞습니다. 비견과 겁재 즉, 비겁은 나와 동일한 오행에 속하며 나와 같은 동류를 의미하는 친구나 동료, 가족처럼 함께하는 세력입니다. 하지만 이 세력들이 모조리 한마음 한뜻으로 협동하기란 결코 쉽지 않습니다. 비견은 나와 뜻을 함께하는 관계지만 겁재는 나의 경쟁사와 너무 가까운 관계입니다.

쉬운 설명을 위해 겁재를 우리 동네에서 제일 힘 센 형이라고 가정해 보겠습니다. 어느 날, 나는 모아뒀던 용돈을 쓰기 위해 기분 좋게 밖으로 나갔다가 겁재 형과 딱 마주칩니다. 내가 먼저 겁재형에게 '자의적'으로 맛있는 것도 사주고 함께 재미있는 시간을 보낼 수도 있습니다. 하지만 그러기 전에 겁재 형에게 '타의적'으로 가지고 있던 용돈을 뺏길 수도 있습니다. 빼앗기지 않으려면 무서운 겁재 형과 맞서 싸워야 하지만 결코 쉬운 일이 아닙니다.

예로부터 겁재는 십성 하나만 놓고 보았을 때 흉하다고 해석되어 왔습니다. 두레나 품앗이처럼 협력을 통해 한 해 농사를 지어야 했던 옛날에는 내 것을 앗아가는 힘 센 기운을 지닌 겁재가 당연히 반가울 리 없었습니다. 그래서 '흉신'이라는 이름으로 불리기도 하였습니다. 하지만 오늘날 겁재는 오히려 큰 부자가 될 수 있는 사주로 풀이되기도 합니다. 예전과 달리 해석되는 이유는 첫째, 겁재의 승부 근성과 성취욕에 있습니다. 힘 센 형과 맞서 싸워 용돈을 빼앗기지 않으려면 적당히 쉬엄쉬엄해서는 안 됩니다. 적어도 형보다 더 치열하게 움직여야 합니다. 물론 사주 내에 어떻게 자리 잡고 있는지에 따라 다양하게 해석되지만, 겁재의 위치나 세력의 크기에 따라 이러한 십성의 특징은 나를 움직이게 하는 강력한 원동력으로 작용합니다. 사주 속에는 언제 내 것을 뺏어갈지 모르는 겁재라는 경쟁자가 들어와 있는 것과 마찬가지니 뺏길까 봐 두려운 마음은 '내 재산 절대 지켜!' 근성으로 나타나면서 강한 투쟁심과 승부욕으로 발현되는 거죠. 물론 이러한 기세 역시 너무 강해지면 무모한 도전을 시도하기도 합니다. 이는 사주에 새겨진 빼앗기는 것에 대한 두려움을 뜻하기도 합니다. 이런 사람들은 경쟁에서 실패하거나 상대에게 뒤처지면 극명한 스트레스에 노출됩니다. 따라서 겁재는 상대에게 지지 않기 위해 어떠한 유연함도 발휘할 수 있습니다. 자신이 싫어하는 상대를 이기기 위해 그보다 조금 덜 싫어하는 이와 손을 잡기도 하고, 주변의 지형지물을 잘 활용하여 승리로 이끌 줄 아는 능수능란함도 가지고 있습니다. 둘째, 겁재라는 무서운 동네 형이 사주에서 나의 편을 자처할 때입니다. 내 것을 빼앗아가거나 괴롭힐 때는 한정 없이 무섭고 밉상이지만, 내가 다른 동네에서 온 누군가에게 괴롭힘을 당하고 있을 때 내 편에 서서 나를 대신해서 싸워준다면 오히려 비견보다 겁재가 나를 확실하고 강하게 도와주는 지원군이 될 수 있습니다. 이처럼 겁재는 어떤 위험이든 감수하면서도 앞뒤 재지 않고 뛰어드는, 다소 무모해 보이는 용기를 가지고 있습니다. 겁재의 이런 특징은 나의 목표를 위해 수단과 방법을 가리지 않고 달리는 극단성과 호승심[반드시 이기려는 마음]을 만들어냅니다.

2015년에 개봉한 영화 「내부자들」 기억하나요? 배우 이병헌이 고불거리는 긴머리를 풀어헤치고 의수를 낀 채 라면을 칭칭 감아 게걸스럽게 먹는 장면은 여러 예능에서 회자되었습니다. 이 영화는 조직을 위해 충성했지만 버림받은 폭력배 안상구와 아무런 뒷심 없이 고군분투해야 하는 우상훈 검사가 손을 맞잡고 강대한 세력에 맞서 본인들이 원하는 결과를 만들어내는 이야기입니다. 조직을 향한 안상구의 복수심과 뒷배 없이 늘 밀리는 우 검사의 성공을 향한 열망은 정반대의 환경에 놓인 두 사람을 목적 하나만으로 단단히 결속시킵니다. 그들은 보통 사람들이 절대 할 수 없을 수단까지 써가며 복수와 성공이라는 자신들만의 목적에 가까워지고자 노력합니다. 두 주인공은 술집 화장실에 앉아 볼 일을 보러오는 사람에게 의수로 안마를 해주며 돈을 갈취하는 바닥 인생을 보여주는 모습으로 자신을 의심하는 상대를 안심시키는가 하면, 자신을 무시하는 윗사람의 집에 일부러 찾아가 그들이 원하는 원초적이고 야만적인 방법으로 그들과 어울리기도 합니다. 보통 사람이라면 수용하기 어려운 환경이나 조건들을 감내하며 오직 자신의 목적을 위해 내달리는 이런 내부자들의 힘은 분명 겁재라는 십성과 맞닿아 있습니다.

다시 말하지만 '비겁'은 나라의 독립을 위해 헌신한 독립운동가들에게 유독 많이 보이는 십성입니다. 강한 자아의 힘과 외부 세력에 굴하지 않는 본인의 강건함을 만들어주는 특징이야말로 독립운동이라는 활동에 가장 적합한 요소입니다. 비견이 공동체 의식을 바탕으로 움직인다면, 겁재는 내 것을 부정당하지 않고 지켜야하는 욕망을 바탕으로 움직입니다. 모든 십성이 장점과 단점 하나의 특징만을 가지고 있지 않지만, 그중에서도 겁재처럼 흉신에 해당하는 오행은 사용 설명서를 잘 인지해야 하는, 상대적으로 활용하기 매우 복잡다단한 도구에 해당합니다. 겁재처럼 흉신의 운이 오거나, 사주에 흉신이 강하다면 이것이 어떻게 나에게 작용하는지 스스로를 들여다보고 객관적으로 자신을 분석해 나가려는 태도가 도움이 될 수 있습니다.

편인偏印
불균형적인 생각 부자

#연구의 힘

편인은 정인과 같은 인성이며 나를 생하는 오행입니다. 정인은 일간과 음양이 달라 중심이 잡혀있지만, 편인은 나의 일간과 같은 음양을 가지고 있기 때문에 한쪽으로 치우쳐 있습니다. 따라서 치우칠 편偏에 도장 인印을 사용합니다. 밤과 밤이 만나 더 까맣게 어두워지고, 겨울과 겨울이 만나 더 강력하고 매서운 추위가 계속되듯이 '편'이라는 글자를 가진 십성은 균형이 잘 잡혀있지 않고 한쪽으로 기울어져 훨씬 강력하고 확실한 반응을 만들어냅니다. 이러한 불균형적이고 극단적인 기세는 편인에 잘 내포되어 있습니다. 하지만 편이 가진 극단적인 기세가 강하다는 것이 꼭 부정적으로 해석되는 것은 아닙니다. 사주 속 모든 글자들은 각자 다양한 개성을 가지고 있기 때문입니다.

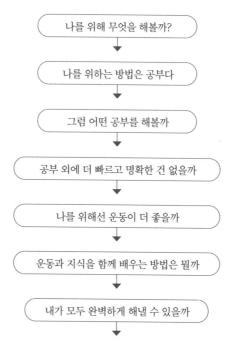

오행이 극단적으로 치우쳐 편향적으로 나를 도와준다면 어떤 일이 발생할까요? 첫 번째는 '사고의 남다름' 입니다. 똑같이 나를 위하지만 정인의 생함은 보편적이고 예측가능한 반면, 편인의 생함은 상대적이고 독특하며 한쪽으로 쏠려 있습니다. 위의 예시처럼 하나의 물음은 꼬리에 꼬리를 물고 늘어져 끝날 줄 모르고 계속됩니다. 편인은 모든 십성 중 가장 깊은 생각의 힘을 가지고 있습니다. 어떤 하나를 보아도 연상된 것을 떠올리는 힘이 다른 십성에 비해 월등하게 복잡하고 다양한 모양을 띠고 있습니다. 그래서 편인은 양자 역학, 철학, 예술, 종교 같은 정답이 명확하게 떨어지지 않는 형이상학적인 학문에 가까이 닿아 있습니다. 우리는 어디에서 왔다가 어디로 가는가, 삶의 목적은 무엇인가 등 정답이 없는 심오한 질문을 통해 끝없이 사고하고 근원적인 질문에 다가가려 합니다. 따라서 무언가를 분석하거나 색다른 정답이 필요할 때 편인이라는 현자를 두드려볼 필요가 있습니다. 특히 소설 속에 등장하는 현자나 기연[어떤 기회를 통하여 맺어진 인연]을 전해주는 미지의 존재들은 이런 편인과 매우 닮았습니다. 혼잣말을 중얼거리며 허공에 무언가를 그리거나 상대방의 질문에 알 수 없는 동문서답을 하다가 갑자기 깨달음을 얻은 이후 달리 행동하기도 합니다. 예부터 본인이 관심을 가지고 있는 영역에는 타의 추종을 불허하는 압도적인 실력자들이 존재해 왔습니다.

오늘날에는 IT나 게임같은 온라인 기기를 다루는 직종에 편인 성향의 사람들은 자신의 능력을 드러내고 있습니다. 따라서 편인은 이전처럼 흉하게 해석되지 않고 십성 중 가장 유망한 기질로 풀이되곤 합니다. 하지만 본인이 관심 있는 것들에게만 편향적으로 관심을 두기 때문에 다른 분야의 지식은 아예 없거나 모자란 극과 극의 모습을 보여주기도 합니다. 또, 편인의 너무 많은 생각은 삶의 과부하를 가져올 수 있습니다.

그래서 사주에 편인이 많은 사람은 과한 생각으로 인한 만성 스트레스에 시달리기도 합니다. 의심과 외로움은 편인이라는 인자가 시시때때로 만들어내는 감정 중 하나입니다. 반면, 나를 극단적으로 생하는 편인은 주변의 위험 요소를 최대한 제거해 나를 안전하게 보호하고자 하는 욕구로 연결되기도 합니다. 수라상에 올려진 모든 음식들을 기미상궁이 먼저 맛봄으로써 안전을 보장받던 옛날 임금들처럼 편인이 강한 사람들은 이런 의심과 두려움이 늘 함께 존재합니다. 생각하는데 에너지를 너무 쓰면 실제 우리 생활에 사용해야 할 에너지가 고갈되듯이, 편인이 너무 과하면 생각하는 것만으로도 힘을 모두 소진해 정작 실행하고 움직일 힘이 부족합니다. 그런 모

습이 남들 눈에는 게으른 사람처럼 비칠 수 있습니다.

「나는 자연인이다」라는 교양 프로그램이 있습니다. 산중에서 혼자 여유와 행복을 느끼며 살아가는 사람들을 찾아가 자연과 인생에 대해서 논하는 교양 프로그램입니다. 사람이 싫어지고 사는 게 버거워져 나를 보호하기 위한 극단적인 조치로 아무도 없는 산중에서 독야청청 혼자 살아가는 삶을 선택하는 사람들의 모습은 나를 위해 극단적인 보호를 하는 편인과 많이 닮아있습니다. 괴짜로 알려진 유명한 발명가나 자기 분야에서 독보적인 성과를 내는 사람들도 이런 편인의 성향이 중요한 자리에 주어져서 큰 힘을 내고 있는 경우가 많습니다. 편인의 뚜렷한 장점과 단점을 알고 적절한 사용 방법을 찾는다면 분명 자신 스스로에게 굉장히 든든한 우군이 되어줄 것입니다.

정인正印
사랑은 돌아오는 거야

#사랑의 힘

　정인은 바를 정正에 도장 인印으로 이루어진 십성입니다. '나'라는 일간을 균형잡힌 기세로 생하는 즉, 도와주는 오행입니다. 한자 정正을 사용하는 정관, 정인, 정재는 일간인 나와 음양이 다른 십성들입니다. 내가 음일 때 정인은 양이고, 내가 양일 때 정인은 음의 기운을 가지고 있습니다. 그런데 왜 '정'은 음양이 다른 오행에 쓰일까요? 그 이유는 음양이 달라야 균형을 이루기 때문입니다. 밤과 낮, 여름과 겨울, 남성과 여성처럼 음양이 다를 때 가장 자연스럽고 조화로운 관계를 이룹니다. 남성(여성)들만 있는 자리에 여성(남성)이 합류하면 자연스럽게 분위기가 화기애애해지고,

어두운 겨울 밤 따뜻하고 밝은 화롯불이 반갑습니다. 음양이 다른 오행이 필요한 자리에 알맞게 주어지는 것, 이것이 바로 '정'입니다. 따라서 정인 역시 부드럽고 적당한 형태로 나를 도와주는 십성에 해당합니다.

십성을 인간관계에 비유한다면 정인은 '모친'이라 할 수 있습니다. 보편적으로 모든 관계 중에서 나에게 가장 헌신적이고 나를 돕고자 하는 자리에 있는 사람이 어머니입니다. 그래서 정인은 인정의 욕구와 긴밀하게 연결되어 있습니다. 나를 돕는 정인은 사회생활이나 인간관계에서 내가 타인의 인정을 받고, 사랑을 받는 것이 나에게 도움이 되는 길이라는 것을 알고, 그 길에 맞는 방향으로 걸어가고자 합니다. 나와 동일한 오행인 비견과 겁재가 타인과는 상관없이 드러나는 나의 자존감에 비유된다면, 정인은 사랑을 주고받음으로써 채워지는 갈증이나 남으로부터 오는 인정에서 충족되는 욕구와 연결됩니다. 따라서 사주에서 정인이 힘을 잘 쓰는 사람들은 주거니 받거니가 잘됩니다. 남들에게 무조건 받기만 하는 게 아니라 받은 만큼 베풀고 관계를 이상적으로 만들어가기 위해 많이 노력합니다. 자신이 받고 싶은 만큼 상대를 대하는 사람들 대부분이 정인에 해당합니다. 가만히 보면 정인을 잘 사용하는 이들은 늘 사랑받을 만한 행동을 합니다. 생각지도 못한 배려를 베풀거나 선물을 하기도 하고, 예쁜 말솜씨나 태도를 통해 상대방이

챙겨주고 싶게 만듭니다. 정인의 한자를 살펴보면 '뭔가 남들에게 인정을 받거나 승인을 받을만한 행위에 이미 손이 가 있다'는 뜻을 가지고 있습니다. 그래서 윗사람들에게 깍듯하고 남들에게 괜찮은 사람이라는 평가를 들을 수 있는 이미지를 곧잘 만들어 적을 만들지 않으려 노력합니다. 또한, 정인은 나 자신에게 무엇이 필요한지 무의식중에 끊임없이 생각하고 연구합니다. 이러한 정인의 특징은 나에게 이로운 것들을 자연스럽게 받아들이고 순응하는 힘으로도 연결됩니다. 정인은 사람을 가장 유익하게 하는 것 중 하나인 '배움'을 위해 차곡차곡 지식을 쌓고 활용하여 타인으로부터 인정을 받거나 혹은 자격증을 획득하기도 하고, 외부

의 위험으로부터 안전할 수 있는 모든 것을 만듭니다. 그래서 사주에 정인이 잘 발달되어 있으면 이런 쪽으로 주어진 능력치가 상대적으로 높다고 할 수 있습니다.

「치즈 인 더 트랩」이라는 유명한 웹툰을 원작으로 한 드라마를 아시나요? 드라마에는 매력 있는 외모를 가지고 있는 재벌 아들로, 누구에게나 사랑받는 유정이라는 이름의 남성 주인공이 등장합니다. 유정은 금수저로 태어난 것도 모자라 예의 바르고 상냥해서 모든 사람에게 인정받습니다. 그뿐만이 아닙니다. 유정은 엄친아라는 캐릭터에 맞게 학교 성적도 늘 상위권을 차지합니다. 자신에게 주어진 것을 긍정적으로 잘 활용할 뿐 아니라 나아가 어렵지 않게 사람들의 인정을 받기도 합니다. 이런 유정은 매우 정인스러운 캐릭터라고 볼 수 있습니다. 하지만 이렇게 장점이 뚜렷한 정인의 뒤에도 숨겨진 고집이 있습니다. 정인은 기본적으로 사랑 받는 것에서 끝나는 것이 아닌, 주거니 받거니가 되어야 하는 존재입니다. 타인의 마음에 들기 위해 최대한 예의를 지키고 사랑받고자 노력하는 동시에 그러한 행동이 모든 사람으로부터 똑같이 돌아오기를 바랍니다. 만약 정인은 노력했음에도 돌아오지 못하는 상황이 된다면 강한 스트레스를 받습니다. '이 정도 했으니 당연히 이만큼의 인정이 돌아오겠지'라는 본인만의 정답을 정해놓고 그 결과가 기대에 미치지 못하거나 혹은 그런 본인의 노력을 존중해주지 않는 사람을 만나면 이해하기 어렵습니다. 그런 상황에서 타인에 비해 받는 스트레스도 높을 수밖에 없습니다.

"나는 이렇게까지 했는데 너는 왜 그렇지 않아?"

이러한 자기 확신과 보수적인 기질은 상대방을 교묘하게 배척하는 모습으로 나타날 수 있습니다. 치즈 인 더 트랩의 유정처럼 사랑의 아이콘 정인은 준 것이 돌아오지 않는 상황이나 관계가 평생 익숙해지기 어려운 숙적일수도 있습니다. 정인이 사주에 과다하게 많거나 강한 세력을 형성하고 있으면 이것은 자기 중심적인 생각이나 나르시시즘 혹은 타인에게 의존하는 형태로 나타날 수 있습니다. 이런 사람들은 남들에게 보여지는 나의 이미지에 정말 많은 스트레스를 받습니다. 내가 이렇게까지 모든 사람의 마음에 들기 위해서 애를 썼는데 누가 나의 단점을 들추거나 지적하면 겉으로 티는 안내지만 큰 상처를 받습니다. 안 그래 보이지만 꽤 보수적이고 권위적인 성향도 가지고 있다고 볼 수 있습니다.

(((●)))

식신食神
위기에 강한 낙천주의자

#생명의 힘

십성 중 먹을 식食에 귀신 신神을 쓰는 식신은 나와의 관계에서 내가 힘을 쓰는 동시에 나와 음양이 같은 오행에 해당합니다. 내가 생하는 관계이자 힘을 써야 하는 오행이라니, 이해가 잘되지 않을 수 있으니 예를 들어보겠습니다. 나의 자리가 목 일간일 경우, 나에게 식신은 화 오행에 해당합니다. 나무인 나는 불을 만들기 위해 힘을 쓰고, 불은 나의 결과물이 됩니다. 불은 땅의 오행인 토를 따뜻하게 하는 데 에너지를 씁니다. 토는 금을 품어 더 단단하게 만들고, 금은 물을 만들어냅니다. 이렇듯 식신은 '나'라는 일간이 에너지를 써서 만들어내는 모든 행위와 깊은 연관이 있습니다. 그래서 식상은 여성에게는 자식 또는 아랫사람, 남성에게는 아랫사람이라는 의미를 내포하고 있습니다. 아랫사람이라고 하면 대체로 내가 힘을 써서 조금 더 챙기고 보살펴야 하는 존재, 내가 생하는 개체를 의미합니다. 여기서 '생한다'는 것은 내가 식상 때문에 힘이 빠질 수 있다는 뜻도 포함됩니다. 즉, 나의 에너지가 누구 혹은 어떤 일이나 행위로 인해 소진될 수 있다는 뜻입니다.

식신은 음과 양의 구분에 따라 나의 에너지를 설기하는 강도가 달라지기도 합니다. 앞서 식신은 나와 음양이 같고 상관은 음양이 다르다고 했습니다. 좀 더 쉬운 이해를 위해 식신은 나와 같은 성별, 상관은 다른 성별로 비유하여 설명해 보겠습니다. 대부분의 사람들은 친한 동성 친구를 만나러 나갈 때 세수와 양치만 하고 부담없이 나갈 때가 많습니다. 동네 친구라면 슬리퍼에 운동복 차림으로 나가도 딱히 문제될 것이 없겠죠. 친구 사이에 소주 한 잔에 삼겹살이면 잘 생한다고 볼 수 있습니다. 음양이 같으니 상대적으로 에너지가 덜 듭니다. 반대로 음양이 다른 애인을 만나러 갈 때는 어떤가요? 아침부터 샤워를 하고 더 괜찮은 옷을 골라 입고 머리를 단장하고 화장을 합니다. 도시락을 싸주거나 편지를 쓰기도 하고, 각종 기념일에는 선물도 챙겨줘야 합니다. 이처럼 음양이 다른 애인을 위해서는 써야 하는 에너지가 상당합니다. 이는 음이 양을 혹은 양이 음을 생할 때 드는 에너지입니다. 이런 이치로 음양이 같은 식신은 에너지를 많이 쓰는 상관보다 상대적으로 설기가 약합니다. 이러한 식신의 특징은 먹을 것이 부족해 최소한의 에너지만을 사용해 먹고 살 길을 찾아야만 했던 예전에 특히 필요한 힘으로 여겨 귀하고 좋은 십성으로 대접을 받았습니다. 식복이 생존과 관련이 깊던 시절, 적은 에너지를 써서 살길을 찾아내니 식신이라는 보기 좋은 이름을 받았는지도 모르겠습니다.

식신이 귀한 대접을 받는 이유가 더 있는데, 그중 첫 번째는 식신의 재능입니다. 식신은 내가 힘을 써서 움직이는 것이라서 만들어내는 결과물과도 연관이 있습니다. 식신이 건강하게 잘 발달한 사람은 손재주나 기술에 능합니다. 요즘도 어디를 가나 손끝이 야무진 사람이 환영받는 것처럼 자급자족으로 대부분의 것들을 해내야 했던 옛날에는 특히 환영받을 수밖에 없는 환경이었습니다. 이러한 재능을 가진 사람에게 어떤 곳에 떨어져도, 어떤 조건이 주어져도 '어디 가서 절대로 굶어 죽을 일은 없는 사주'라고 표현하기도 합니다. 두 번째는 식신의 역할입니다. 나와 모든 십성이 관계가 있듯 각각의 십성들끼리도 당연히 서로 어우러지는 관계가 있습니다. 예를 들어 사주에서 모든 십성 중 나를 가장 강력하게 극하고 누르는 편관이라는 기운이 있습니다. 고난, 시련 또는 극기라는 무서운 키워드들과 연관이 깊은 편관은 나를 힘들게 하는 요소들을 많이 가지고 있는 흉신입니다. 흉포함이 강력한 편관운이 오거나 사주 내에 강한 기세로 자리 잡고 있으면 인생에 늘 고단함이 주어진다고 보기도 합니다. 이때 편관을 막아내고 나를 확실하게 보호하는 십성이 바로 식신입니다. 즉, 편관에게 편관 역할을 하는 십성이 나에게는 식신인거죠. 그래서 식신은 '보호성'으로 해석되기도 합니다. 사주의 모든 요소 중 나를 가장 괴롭힐 수 있는 편관으로부터 보호받을 수 있는 식신이 주어졌다면 이것이야말로 나에게 소중한 복이 됩니다. 또, 사주에 식신이 발달한 사람은 외부에서 오는 스트레스에 유연하게 대처할 수 있습니다. 예민하거나 독특한 기질의 사람을 받아들이는 일이 그다지 어렵지 않습니다. 낙천적이고 온화하며 단순합니다. 이런 식신의 단순함은 주변 사람들과의 관계를 원만하게 만드는 마법이 되기도 합니다. 나를 지켜주는 식신이라는 든든한 보호성이 있으니 굳이 날을 세우며 경계할 필요가 없습니다. 이런 식신의 특징은 시기에 따라 혹은 사주 원국에 따라 과하게 낙천적이고 느긋한 기질로 나타나기도 합니다. 주어진 것도 넉넉하겠다, 적은 막았겠다, 굳이 노력할 필요가 없으니 애써 결과를 만들어낼 필요가 없는 거죠.

　오랜시간 많은 사람들의 사랑을 받는 SF영화인 「스타워즈」에서 빼놓을수 없는 캐릭터 중의 하나는 '한 솔로'입니다. 스타워즈 속 세계관에서 가장 빠른 우주선의 선장인 한 솔로는 식신이라는 십성을 떠오르게 하는 인물입니다. 그는 아무리 급박한 상황에서도 쉽게 평정심을 잃지 않습니다. 언제나 느긋하고 여유가 넘쳐납니다. 위험을 코앞에 두고도 시시껄렁한 농담을 하며 심각한 상황을 아무렇지 않게 만들어 버립니다. 위기의 순간마다 극적으로 탈출하게 되는 행운의 주인공을 보고 있노라면 사막에 떨어져도 어떻게든 살아남을 사람이라는 생각이 들곤 합니다. 게다가 그는 기계 수리와 우주선 조종에도 매우 능합니다. 그의 여러 능력들은 자연스럽게 자신감과 연결되어 절체절명의 위기에서 벗어날 수 있게 하는 것인지도 모릅니다.

상관傷官
혁신의 아이콘

#개혁의 힘

상관은 식신과 마찬가지로 나의 힘을 설기하는 관계이며 음양이 다른 글자에 해당합니다. 식신과 상관은 똑같이 나를 설기하는 십성에 해당하지만, 옛날에는 그 대우가 사뭇 달랐습니다. 식신이 대표적인 길신으로 분류되어 예쁨을 담뿍 받는 글자라면 상관은 어디에서도 환대받지 못하는 흉신으로 여겨져 왔습니다. 음양만 다를 뿐 똑같은 역할을 하는데도 그 대우가 이렇게까지 달랐던 이유가 무엇일까요?

첫 번째는 식신을 이야기할 때 알려드린 것처럼 상관은

에너지의 설기가 강하기 때문입니다. 설기작용이 강한 상관이 내가 가진 에너지를 많이 빼앗아가니 식신에 비해 천덕꾸러기 취급을 받는 것은 당연하지요. 두 번째는 상하게 할 상傷에 벼슬 관官이라는 글자에 주목할 필요가 있습니다. 식신은 앞서 얘기했듯이 사주에 편관이라고 하는 나를 강하게 극하는 시련 요소를 막아주고 일간을 보호하는 역할을 합니다. 사람들에게 녹아들고 같이 어울리고 하나를 향해 움직이는 협조와 협동에 유리한 인자이기도 합니다. 반면, 상관은 정관이라는 규율을 준수하는 힘에 맞서는 기질을 가지고 있습니다. 즉 '관을 상하게 하는 것'이 상관의 정체성 중 하나입니다. 관은 단순히 벼슬뿐만 아니라 조직 혹은 그 조직이 만들어 놓은 규칙이라는 의미도 동시에 내포하고 있습니다. 그러니 상관은 모두 다 같이 모여 협동하고 어울려 결과를 만들어내야 하는 옛날에는 골치 아픈 요소였습니다. 굳이 나서서 시시비비를 따지는 것보다 마을 이장의 의견을 묵묵히 따르는 것이 자신도, 함께 하는 사람들에게도 편한 방법이니까요. 그것이 옳든 그르든 간에 시간과 품이 많이 소모되지 않고 빠른 일 처리가 가능하니 하나하나 캐묻는 사람은 환영받기 어려웠습니다. 특히 유교적인 분위기가 강한 한국에서는 더욱 그랬습니다. 하지만 상관은 문제점들이 자연스럽게 눈에 들어오도록 프로그래밍이 되어 있는 기질입니다. 그런 상관에게 무조건적인 협조나 상명하복은 상당히 어려운 일입니다. 게다가 상관은 만들어진 규칙에 따라가기보다 빠르고 더 효율성이 좋은 길을 찾고자 합니다. 그것이 설령 기존의 법칙을 깨부수는 형태라고 해도 그렇습니다. 필요하다면 개혁을 통해서라도 타성에 젖은 관습을 바꾸고 싶어합니다. 불합리하거나 비효율적인 것을 제거하고자 하는 강한 욕망을 지니고 있습니다. 그러니 이런 제도와 관습의 혜택을 먹고 사는 윗사람들이나 권력을 가진 세력들은 상관을 눈엣 가시로 여겼을지 모릅니다. 상관에 관한 부정적 인식은 지금도 여전히 곳곳에 남아 있습니다. 상관이 강한 여성이 사주 상담을 받을 경우, '남편 이겨 먹는 사주'라거나 '결혼하면 이혼하는 사주'처럼 입맛 쓴 이야기를 듣게 될 수도 있습니다. 그러나 지금은 품앗이를 통해 농사를 짓는 시대가 아닙니다. 요즘 같이 급변하는 시대에 재빠르게 적응하고 트렌드를 쫓아가야 합니다. 무조건적인 순응보다 시류를 바꿔나가려는 상관의 힘이 오히려 반갑습니다. 상관은 잘못된 것을 빨리 알아챕니다. 어떻게 하면 바꿔나갈 수 있는지 선천적으로 잘알고 있습니다. 기득권 세대와 잘못된 것들을 맞서 싸우며 바꿔나가기 위해서는 웬만한 기세와 표현력으로는 쉽지 않습니다. 그래서 상관에게는 이를 가능하게 하는 언어 능력과 설득력, 전달력, 표현력이 주어져 있습니다. 게다가 관습을 뜻하는 관을 깬다는 행위는 기존의 틀을 벗어나려는 힘이니 남다른 아이디어로 색다른 방식을 찾기도 합니다. 상관은 하루가 다르게 변화하는 오늘날, 잘만 사용하면 굉장히 유용하고 효율적인 십성입니다. 남과 다른 창의력은 기존의 답습에서 벗어나 새로운 길을 만들어내는 고유의 능력으로 활용될 수 있습니다. 상관을 잘 쓴다는 것은 본인이 하나의 트렌드가 되어 새로운 길을 개척할 수 있다는 뜻도 됩니다. 그러나 서민들을 봉기시켜 개혁을 이루고자 일어난 서민의 대표가 개혁 후 그 위에 군림하려 하듯이 상관 역시 개혁을 이루고 나서 선민의식에 빠져 본인이 그 위에서 내려다보기 쉬운 종자이기도 합니다. 기민해서 잘못된 것들이 한눈에 들어오고 남들 눈에는 보이지 않는 것들이 쉽게 보여서 그런 능력이 없는 타인들을 이해하지 못하거나 무시하게 되는 것이 상관입니다. 자기 과신이나 고집이 강해지면 그것으로 인한 불통을 만들어낼 수도 있습니다. 상관이나 편관같은 십성들이 흉신이라고 불리는 것은 말 그대로 흉한 작용을 해서가 아니라 사용하기에 굉장히 까다로운 특징들을 가지고 있어서가 아닐까 생각해 봅니다.

영화 「왕의 남자」는 당시 신인이었던 이준기 배우를 단숨에 스타로 올려놓은 작품입니다. 2005년 개봉하여 지금까지 수많은 사람들에게 회자되는 영화 중 하나입니다. 이 영화는 광대인 장생과 공길이 주인공입니다. 감우성 배우

가 연기한 '장생'은 그야말로 상관의 대명사라고 할 수 있습니다. 광대 장생이 살았던 시대는 신분제가 엄격한 조선시대였습니다. 하지만 그는 광대 짓이라는 모사와 흉내내기 방식을 활용해서 양반, 왕 가릴 것 없이 아닌 건 아닌 거고, 잘못한 건 잘못된 거라고 꼬집어 말하는 바람에 쫓겨나는 신세가 되기도 합니다. 그 시대 천민들이라면 아무리 사회 구조가 부조리해도 있는 그대로 받아들이고 그러려니하는데 장생은 전혀 그렇지 않습니다. 사람들 앞에서 줄타기를 하면서 양반들을 깎아내리는 입담 또한 어마어마합니다. 오죽하면 미쳐있던 연산군이 압도되어 자신을 농락하는 자임에도 불구하고 가까이 두고 즐기고자 했을까요. 장생이 가진 원래 천성도 그렇지만 무엇보다 자신이 아끼고 사랑하는 공길을 위해서기도 하죠. 그는 공길을 위한 것이라면 굉장히 능동적으로 움직입니다.

이 영화를 보면 공길과 장생의 삶의 방식이 상당히 다르다는 것을 알 수 있습니다. 공길은 체념하고 받아들입니다. 싫으면 그냥 자신이 죽고 말지 상대에게 달려들지 않습니다. 반대로 장생은 투쟁의 대상이 타인을 향해 있습니다. 받아들일 수 없다면 상대에게 달려들어 뜯어고치려 합니다. 이러니 상관이 옛날 옛적에는 흉신 소리를 들을 수밖에 없었겠지요. 만약 장생이 현대 사회에 태어났으면 자신을 굴종시키는 왕도 양반도 없으니 자유롭게 세태를 비판하는 유튜버로 성공하거나 자신만의 세계를 가진 예술가가 되었을지 모릅니다. 왕을 희롱할 정도의 강단을 가졌으니 무엇을 하든 자신이 뜻하는 바대로 잘 살고 있을 것입니다.

이러한 상관이 특징이 잘 드러나는 인물이 또 있습니다. 바로 셜록 홈즈의 여동생의 활약상을 그린 영화 「에놀라 홈즈」의 주인공 에놀라 홈즈입니다. 그도 매우 '상관다운' 캐릭터입니다. 집에서 원하는 대로 뼈대 있는 명문 기숙학교에 입학하는 대신 사라진 엄마를 찾는 여행 아닌 여행을 떠납니다. 그리고 엄마를 찾아가는 과정에서 기발한 생각과 아이디어를 활용해 타인을 위기에서 구하기도 하고, 그 시대 여성들에게 요구되는 복장과 행동거지를 완전히 깨며

극강의 효율성을 추구해 본인이 원하는 결과에 다가가려 애씁니다. 주어진 틀에서 벗어나 본인이 원하는 것을 남들과는 다른 방식으로 추구하던 에놀라는 여성들도 투표할 수 있는 권리를 얻을 수 있는 선거법 개정안을 통과시키기 위해 고군분투하기도 합니다. 자신의 인생을 스스로 설정해 나가는 그의 거침없는 행부를 따라가보면 상관이 원하는 것과 많이 맞닿아 있습니다. 끼가 많은 연예인들 중에 이러한 상관의 특성이 발견되곤 합니다. 기존의 틀을 깨고 본 것을 나만의 것으로 재창조하는 상관의 능력이야말로 요즘 같은 세상에 가장 유리하게 활용해볼 수 있는 기질입니다.

편재偏財

능수능란한 한 방

#기획의 힘

　편재는 재성에 속하는 십성으로 나와 음양이 같습니다. 치우칠 편偏에 재물 재財를 써서 편재라고 부르며 '치우친 재물'이라는 뜻을 가지고 있습니다. 치우친 재물이라고 하니 로또나 일확천금이 떠오르나요? 그렇습니다. 정재가 정기적이고 안정적인 소규모의 재화라면 편재는 불완전하고 즉흥적이며 한 번에 크게 움직이는 재화에 가깝습니다. 이렇게 해석하는 이유는 정재와 편재가 지닌 기질적 차이 때문입니다. 이 둘은 모두 내가 극해서 취하게 되는 십성이지만, 정재는 음양이 달라 그 힘의 균형이 잘 잡혀 있고 내가 극하는 힘의 압력이 적당한 세기를 유지하고 있습니다. 반면, 편재는 정재와 달리 음양이 한쪽으로 치우쳐 있어 힘의 세기와 강도를 한 번에 순간적으로 사용합니다. 예를 들어 정재가 낚싯대를 이용하여 지속적이고 꾸준히 고기를 잡는 낚시꾼이라면 편재는 한꺼번에 모든 힘을 이용해서 그물을 건져올리는 어부에 가깝습니다. 정재는 한꺼번에 낚시 가방을 가득 채울 수 없지만, 저녁노을이 질 때쯤이면 오늘 끼니를 때울 수 있는 물고기 몇 마리 정도는 어렵지 않게 채워 집으로 향할 수 있습니다. 반면, 편재는 그물을 한 번 던질 때마다 크게 힘을 써야 하므로 운이 좋을 때는 몇 번의 그물질만으로 몇 달은 구워 먹고도 남을 생선들을 잡을 수 있지만, 운이 없을 때는 한 마리도 잡기 어렵습니다.

"아니, 물속에 물고기가 저렇게 많은데 도대체 왜 낚싯대만 드리우고 있는 거야?!"

편재는 정재처럼 성실하고 우직하게 낚싯대를 드리우고 앉아 안전하고 답답하게 기다리는 일이 참 어렵습니다. 물고기들이 그득한 바다에 직접 그물을 던져야 직성이 풀립니다. 그물이나 해루질[밤에 얕은 바다에서 맨손으로 어패류를 잡는다는 뜻의 방언] 하물며 페트병을 활용해 어떻게든 많은 물고기를 잡아올리려고 시도합니다. 이것이 바로 편재의 방식입니다. 그래서 편재는 '사업성'을 가진 대표적인 십성에 해당합니다. 주어진 삶 안에서 묵묵하게 살아가기보다 스스로 이리저리 움직여 더 좋은 자리를 찾아나섭니다. 주변의 지형지물을 기상천외한 방법으로 활용해 결과를 이끌어내기도 합니다. 그러니 편재에게 단순 업무가 반복되는 지루한 회사생활은 재미 없이 이어가는 일상이라고 느끼기 쉽습니다. 타성에 젖어 시키는 일만 기계적으로 해야 하는 상황을 납득할 수 없습니다. 이렇듯 편재는 어딘가에 매여 있지 않고 유연함과 융통성을 발휘해 기존의 틀을 깨고 자유롭게 살아가는 매력적인 십성입니다.

편재가 발달한 사람은 재치있고 기발한 생각을 자연스럽게 인간관계에 활용할 줄 압니다. 하지만 편재의 무궁무진하고 기발한 특징은 안정을 추구하고 싶어하는 이들에게는 무모하거나 불안하게 비춰질 수 있습니다. 편재가 긍정적으로 발현되면 전체 판을 짜는 기획력과 운용 능력으로 발전할 수 있지만 충분한 준비 기간을 거치지 못한 경우 무모함으로 변질될 수 있기 때문입니다. 편재가 정재와 다른 특징 중 하나는 '재화를 다스리는 방식'입니다. 정재가 잡은 물고기 몇 마리를 잘 보존해두고 아껴 먹는 방식이라면 편재는 잡은 물고기를 미끼로 더 값나가는 물고기를 잡으려 합니다. 가진 것을 아껴쓰기보다 이왕 물고기를 잡는 김에 제일 큰 녀석을 낚아올리고 싶은 편재는 자신이 가진 것을 최대한 활용해 더 큰 결과물을 얻고자 하는 습성을 가지고 있습니다. 따라서 어떤 때는 가진 것을 전부 잃기도 하지만 세상에서 가장 큰 물고기를 잡을 수도 있습니다.

　2023년 방송된 드라마 「카지노」에 등장하는 주인공 차무식은 편재의 특징을 풍부하게 가진 캐릭터입니다. 그는 카지노 회장 밑에서 관리인으로 일하고 있지만, 사실 그가 주로 하는 일은 돈 많은 사람을 카지노로 끌여들여 재산을 탕진하게 만드는 일명 '공사치기'입니다. 차무식이 사람을 유혹하는 방법은 우리가 흔히 생각하는 것과 무척 판이합니다. 그는 일단 고급 술집에 돈 많은 사장님을 데려가 후하게 대접합니다. 상대방이 묻기 전에는 일체 카지노에 관한 어떤 언급도 하지 않습니다. 아무 의도를 갖지 않은 속 좋은 사람처럼 상대방에게 다가갑니다. 상대가 묵고 있는 호텔에 전화를 걸어 더 넓고 좋은 객실로 업그레이드 시켜주거나 최고급 골프채를 선물하여 상대방의 환심을 사기 시작합니다. 호감이 생긴 상대는 그가 카지노 관리인이라는 사실을 알고 놀려가려 하지만 차무식은 선뜻 오라고 하지 않습니다. 오히려 게임은 나중에 하고 술이나 함께 마시자며 점잖게 만류합니다. 카지노에 발을 들이게 된 사장님은 어느새 자신이 가진 돈을 탕진하는 줄도 모르고 도박에 빠져듭니다. 차무식은 오히려 상대방을 걱정하는 것처럼 그만하라고 잔소리를 하면서도 처음에는 천만 원, 나중에는 억 단위까지 채무를 지게 만듭니다. 결국 상대방을 파산시킨 차무식은 그의 전 재산을 몰수합니다.

극중에서는 편재가 부정적인 방식으로 활용되어 타인을 유혹하지만, 어떤 십성이든 쓰는 사람 마음에 달렸을 뿐 그 자체는 선하지도 악하지도 않습니다. 차무식이 사람을 다루는 능수능란하고 대담한 방식은 상당히 편재스러운 행동이라고 할 수 있습니다. 일부가 아닌 전체를 바라보며 큰 판을 짜는 대범함과 두둑한 배짱, 이것이 바로 편재입니다.

정재正財
꾸준하고 성실한 보수파

#안정의 힘

재성은 정재와 편재를 아울러 부르는 말입니다. 재성은 나에게 극을 당하는 관계입니다. 여기서 잠깐! 다시 한번 십성의 관계에 대해 복습해보겠습니다. 내가 나무라면 내가 극하는 오행은 흙 기운에 해당합니다. 나무 뿌리가 누르고 땅을 극하는 모양새를 생각해 보면 관계를 떠올릴 수 있겠죠(목극토). 내가 화 오행이라면 재성은 금 오행입니다. 불로 쇠를 제련하는 형태, 불로 쇠를 극한다, 제어한다 이렇게 기억해두세요(화극금). 내가 토 오행에 해당할 때 재성은 수 기운입니다. 높게 쌓인 흙산이 물길을 막거나 방향을 틀어버리는 것을 생각하면 쉽습니다(토극수). 금 오행이라면 나에게 재성에 해당하는 것은 목 오행입니다. 도끼나 날카로운 금속성의 칼로 나무를 베어 극하는 것을 연상해 보세요(금극목). 내가 수 오행일 때, 화 오행이 나에게는 재성에 해당됩니다. 물로 불을 끄지요(수극화). 나를 극하는 것이 관성이라면 내가 극하는 것은 재성입니다. 사주의 바를 정은 음양이 나와 달라 조화로움을 의미합니다. 정재正財는 음양이 나와 다르면서 나에게 극을 당하는 오행이자 십성에 해당합니다.

재성은 사주에서 재물, 재화에 비유되곤 합니다. 재물 뿐 아니라 일의 성과나 나에게 주어지는 결과물 등을 뜻하기도 합니다. 앞서 말했듯 재성은 내가 극하는 오행이므로 힘의 주도권은 나에게 있습니다. 주종의 관계에서 재성은 나에게 종속되어 있습니다. 그중 나와 음양의 조화를 잘 이루고 있는 정재는 변동성이 약한 안정적인 기운을 가지고 있습니다. 정재를 자산에 비유한다면 고정적인 수입처라고 할 수 있습니다. 다시 말해 정재는 안정적인 성과를 만들어내는 기질과 뚜렷한 현실 감각으로 연결되는 십성입니다. 꾸준히 안정적인 성과를 끌어오기 위해서 필요한 것은 객관적이고 냉철한 시선입니다. 매달 고정적으로 들어오는 월급이나 안정적인 투자처로 재화를 만들기 위해 가장 경계해야 하는 것은 바로 '감정'입니다. 감정이란 어느 날 나를 괴롭히는 부장 때문에 급작스레 사표를 던지게 만들고, 현재 가진 아이템으로 대박이 날 것 같은 근거 없는 자신감을 만들기도 합니다. 많은 사람들이 슬플 때, 기쁠 때, 화날 때, 감정조절이 어려울 때 습관적이고 즉흥적으로 소비함으로써 마음을 달래려고 합니다. 하지만 정재는 사주에 불안 요소를 만드는 감정보다 현실을 직시할 수 있는 이성에 조금 더 힘을 실어주는 십성입니다. 매번 부장의 잔소리 때문에 사표를 던지고 싶지만 지난달에 산 태블릿 할부가 아직 시작되지 않았다는 현실을 직시할 수 있도록 나를 보수적이고 객관적으로 만들어줍니다. 이런 요소가 사주 속에서 제 역할을 하고 있는 사람은 굳이 모험을 하려고 하지 않습니다. 한 방을 노리는 대신 성실하고 꾸준하게 목표를 향해 나아갑니다. 눈에 보이지 않는 것보다 눈에 보이는 것, 수치화된 그래프나 숫자를 더 믿습니다. 하지만 이와 반대로 유연함이나 융통성은 부족할 수밖에 없습니다. 정재나 정관처럼 음양의 균형을 이루는 십성들은 기울어진 자리에 대한 내성이 약합니다. 정재나 정관은 내 존재 자체기 이미 일간과 균형을 이루고 있기 때문입니다. 이러한 정재의 기질은 실현 가능한 목표를 세우고 객관적으로 가진 것들을 받아들이며 계단식으로 차곡차곡 안정감 있는 성장을 돕는 사주 요소입니다. 그러니 주어진 물건이나 재화도 함부로 쓰지 않고 알뜰살뜰하게 잘 관리합니다. 주식 투자하지 말라, 조금만 더 참고 회사 다녀라, 적금 해약하지 말라 등 옆에서 온갖 쓴소리, 잔소리를 하는 재성은 결국 나에게 안정감을 가져다주고 재물의 성취를 도와주는 역할을 하는 십성입니다. 따라서 남성에게 정재는 조강지처를, 남녀 모두에게 재성은 아버지를 의미하기도 합니다. 요즘은 맞벌이 부부가 대부분이지만 예로부터 아버지는 나를 안정적으로 키워내기 위해 필요한 재화를 가져오는 존재였습니다. 동시에 아버지는 물질적 의미뿐 아니라 그로 인해 나의 사회적 진출의 한계가 규정되는 존재였습니다. 내가 벼슬을 받아 정일품까지 올라가느냐, 농사를 지으며 사느냐, 도축을 하느냐, 남의 집 머슴살이를 하느냐 등 내가 벌 수 있는 재화와 물질적인 안정은 바로 아버지의 신분으로 정해졌기 때문입니다. 육친 관계인 아버지 외에도 시어머니를 재성으로 보기도 합니다. 시어머니는 집의 곳간 열쇠를 물려주는 재물적 포지션에 관한 상징성이 강하기 때문에 여성에게는 아버지와 시어머니, 남성에게는 아내와 아버지를 재성으로 볼 수 있습니다.

이전부터 내려오는 재성에 관한 두 가지 오해가 있습니다. 첫 번째, 재성은 재화를 뜻하므로 '사주에 재성이 없으면 돈이 없다'는 오해입니다. 재성은 돈 자체보다 돈을 만드는 능력이나 현실 감각과 관련이 있으며, 그것을 관리하는 능력이기 때문에 엄밀히 따지면 재성이 없다고해서 돈이 없다고 볼 수는 없습니다. 재성이 없음에도 큰 부자가된 사람들은 많습니다. 사주마다 차이는 있겠지만 돈을 알뜰하게 관리할 줄 알고, 현실적이고 안정감 있게 돈을 불리는 능력은 비단 정재에서만 나오는 것은 아닙니다. 두 번째, '사주에 정재가 많으면 안정적인 수입처가 많다'는 오해입니다. 사주에 정재가 많으면 원래 정재의 특성보다 오히려 편재의 성향을 띠기 쉽습니다. 다른 오행들도 정인이많으면 편인 같은 기질이, 정관이 많으면 편관 같은 특징으로 나타날 수 있습니다. 정재가 많거나 정재, 편재가 혼합되어 있다면 위에 언급한 성향과 정반대로 나타날 수 있으니 꼭 기억하세요. 이렇듯 현실적이고 객관적인 정재는 이런 성향이 운에 따라 짙어지면 인색함으로 나타나기도 합니다. 인간관계가 늘 준만큼 받고 받은 만큼 줄 수는 없듯이내가 손해를 보는 날이 있고 내가 더 도움을 받는 날도 있는데, 이러한 부분에서 정재는 손익을 칼 같이 계산하고 준 만큼은 받아야 하니 이런 정재의 현실적인 감각은 때로 본인일을 무사히 잘 마치고도 정 없다는 뒷말을 듣기도 합니다.

「셜록 홈즈」를 보면 보통은 주인공 셜록 홈즈를 떠올리지만 여기 정재를 대표하는 인물은 바로 '존 왓슨'입니다. 셜록 홈즈는 매우 똑똑한 인물입니다. 남들보다 생각이 빠르고, 몇 수 앞서가는 생각으로 움직이는 면이 괴짜처럼 보이기도 합니다. 추리에 빠질 때면 집 벽에 총을 쏴 대기도

하고, 앞뒤 가리지 않아서 주변 사람들을 곤란하게 만들기
도 합니다. 그런 홈즈에게 없어서 안 되는 인물이 바로 존
왓슨입니다. 셜록 홈즈가 사람의 종잡을 수 없는 감정이라
면 존 왓슨은 사람이 가진 이성에 비유해 볼 수 있습니다.
홈즈의 불안정성을 잡아주는 존재, 조금이나마 사회 속에
녹아들게 도와주는 존재, 정도가 없는 홈즈를 늘 진정시키
고 중재하는 존재입니다. 이처럼 존 왓슨은 사주 속에 안
정과 객관성을 추구하는 정재와 닮아있는 캐릭터입니다.

편관 偏官
시련은 나의 힘

#극기의 힘

편관도 정관과 마찬가지로 나를 제어하고 극하는 오행입니다. 편관도 편인과 같은 '치우칠 편偏, 벼슬 관官' 한자를 사용합니다. 한쪽으로 기우뚱하게 기세가 쏠려있는 편향적인 힘을 말합니다. 편관은 나와 음양이 같은 오행이면서 나를 극하는 관계에 놓여 있습니다. 정관은 음양이 달라서 나를 적절하게 누르고 제어하는 힘이라면, 편관은 강도와 세기가 조절되지 않은 채 강력하게 나를 내리누르는 극단적인 형태를 띠고 있습니다. 정관이 순응, 협조, 감내라는 단어와 관련이 있다면 편관은 극기, 극복, 절차탁마 같은 단어를 떠올리게 합니다. 정관이 나에게 납득할 이유를 알려주고 과하지 않게 서서히 규칙을 내어주며 적응하게 만드는 다정한 국어 선생님이라면, 편관은 규칙을 강요하고 엄벌을 외치며 나를 강력하게 제어하는 무서운 체육 선생님에 더 가깝습니다. 편관은 "선착순 운동장 열 바퀴!!"라고 하면서 무조건 남들보다 빠르게 열 바퀴를 돌려야 속이 후련합니다. 다리가 막 후들거리고 헛구역질이 올라와도 중간에 절대 그만 두게 하지 않습니다. 진짜 힘들어서 죽을 것 같다 말해도 "사람은 그렇게 쉽게 죽지 않아!"라고 외치며 선착순에 들지 못한 학생에게 다시 열 바퀴를 뛰게 만듭니다. 그래서 편관은 내가 극복해야 할 미션, 이겨내야 할 시련과 가깝습니다. 그런데 계속 이렇게 하다 보면 어떻게 될까요? 어느새 운동장 열 바퀴쯤은 힘들지 않게 뛰는 나를 발견하게 될 것입니다. 그럼 열 바퀴를 무사히 마쳤으니 이제 끝일까요? 아닙니다. 이번에는 스무 바퀴를 목표로 뛰어야합니다.

공교롭게도 편관은 시련이라는 자양분을 통해 나를 강력하게 만들어줍니다. 이번 시련을 이겨내면 다음 시련이 기다리고, 삶의 한고비를 넘기면 더 큰 고비가 기다리고 있습니다. 편관은 계속 성장해 나갈 수 있도록 극기와 성장을 반복하는 그래프를 그립니다. 따라서 사주 속 이런 편관은 나에게 주어진 관계나 환경, 상황 등을 이겨내야 하는 미션으로 인식하는 경우가 많습니다. 예를 들어 자신이 다니는 회사 대표님과 어쩌다 밥 한 끼를 먹게 되는 일도 편관은 성공해야 할 임무로 인식합니다. 회사에서 발표할 일이 생기거나 (여성의 경우) 시댁 행사에 참여하는 일 등은 모두 내가 풀어야 할 숙제가 됩니다. 편관이라는 무서운 선생님이 주는 시련을 이기기 위해서는 나도 강력해져야 합니다. 그래서 편관은 강제성, 극단성 그리고 용맹함까지 탑재하고 있는 십성에 해당합니다. 편관은 어떤 일을 실행하여 결과를 내기 위해서는 수단과 방법을 가리지 않습니다. 좋은 결과 값을 얻기 위해서라면 내가 가진 모든 수단을 활용합니다. 따라서 편관의 무서운 트레이닝을 받아 남다른 기세를 갖게 된 사람의 경우, 사주 안에 폭발적인 에너지를 긍정적인 형태로 활용할 수 있는 강한 직업을 갖는 것이 바람직합니다. 소위 말하는 군·검·경이나 운동 선수 같은 직업이 이에 해당합니다.

편관은 알게 모르게 '겁재'와 닮은 부분이 많습니다. 둘 다 흉신으로 여겼나는 점, 스스로에게 극단적인 작용을 한다는 점 그리고 성과를 위해서 모든 수단과 방법을 동원한다는 점이 그렇습니다. 겁재와 같이 편관도 극단적인 강제성과 폭력성을 드러내지만 겁재는 내 것을 빼앗기지 않으려는 경쟁심, 호승심, 승부욕에 그 근원이 있다면, 편관은 자신을 누르는 힘을 이겨내고자 하는 '보호 본능'에서 발현된다고 볼 수 있습니다. 그런 보호 본능이 사주에 다른 요소들과 만나 제각각 다른 형태로 보이게 됩니다. '슈퍼마리오 게임'에서 보면 주인공 마리오가 공주를 구출하기 위해 떠나는 여행의 초입엔 순박하게 생긴 버섯 괴물이 한두 마리씩 나타나 마리오를 방해합니다. 하지만 괴물을 이기며 앞으로 나아가다 보면 불을 던지는 괴물이나 가시덤불처럼 거대해져 한 번에 제압이 어려운 장애물을 만나게 됩니다. 마리오의 여행은 점점 더 어려워지고 험난해집니다. 그러나 마리오는 장애물들을 극복하는 과정을 통해 험난한 고난만큼 강해집니다. 자신을 공격하던 무서운 괴물들은 결국 나를 성장시키는 자양분이었다는 사실을 깨닫게 됩니다. 우리가 바라보기에 편관은 괴물일 수도 혹은 나를 성장하게 하는 경험치일 수도 있습니다.

SF를 좋아하지 않는 사람도 마블 영화의 주인공 한두 명쯤은 알고 있을 것입니다. 그중에서도 2018년에 개봉한 「인피니티 워」는 마블 세계의 모든 영웅들이 출연해 폭발적인 흥행을 기록한 영화입니다. 개인적으로 수많은 등장인물 중에서도 단연 화제가 된 인물은 빌런 '타노스'가 아니었을까 생각합니다. 인피니티 스톤이 색색으로 박힌 타노스의 건틀렛은 마블 덕후라면 누구나 가져보고 싶은 아이템이 되어버렸으니까요. 타노스는 세상 인구를 절반으로 줄이기 위한 본인의 목표를 실행하기 위해 전 우주에 흩어져있는 인피니티 스톤들을 모아 나갑니다. 하지만 스톤을 모으는 과정은 녹록치 않습니다. 당연하죠, 세상 인구 절반을 줄이겠다는 미치광이의 계획을 누가 지켜보고만 있겠어요? 그러나 타노스의 확고한 목표 의식과 완고한 의지는 어떤 고난 앞에서도 포기하지 않습니다. 오히려 목표를 위해 수단과 방법을 가리지 않는 그의 기세는 사람을 해치거나 행성을 날려버리고, 심지어 자신이 제일 아끼고 사랑하는 수양딸 기모라를 제물로 바치기까지 하죠. 편관은 자신이 생각하는 정의나 목표가 있다면 그것을 가져오는 방식이 다소 강압적일지라도 목표를 위해 무엇이든 활용 가능합니다. 물불을 가리지 않는 타노스의 강력하고 완고한 목표 의식은 편관스러운 특징을 잘 드러내고 있습니다.

정관正官
일탈따위 필요없어

#규칙의 힘

정관과 편관을 포함한 관성은 나를 극하는 오행에 해당합니다. 극하는 행위는 나를 누르고 억제하는 모든 활동을 뜻합니다. 복습하면 내가 목이라면 금은 나무를 베어내거나 손질하는 도끼 역할을 합니다. 즉, 목은 금에게 극을 당하는 관계에 놓여 있습니다. 화는 수 기운이 관성에 해당합니다. 물로 불을 끄는 것을 떠올려본다면 어렵지 않게 이해할 수 있습니다. 토 기운을 가지고 태어난 일간에는 목 오행이 관성의 역할을 합니다. 나무 뿌리가 땅을 움켜쥐고 묵직한 나무 기둥이 위에서 땅을 내리누르는 관성의 역할입니다. 금에게는 열을 가해 모양을 변형하고 제련할 수 있는 뜨거운 화 오행이 관성에 해당합니다. 수 오행에게 관성은 토 오행입니다. 흐르는 물길에 쌓인 모래와 땅이 바뀌는 모습을 생각해 본다면 토와 수의 관계를 유추해볼 수 있습니다. 관성은 상대를 극한다, 누른다는 어감 때문에 처음에는 부정적인 십성으로 오해하기 쉽습니다. '나를 극한다니 위험한 거 아니야?' 사주를 잘 모르는 사람들은 이런 요소들이 자신의 사주에 많다고 하면 괜스레 의문이 들 수 있습니다. 하지만 앞서 언급했듯이 사주 속 요소들 중에는 한 면만 무작정 좋거나 나쁜 것은 없습니다.

관성 중 정관은 나와 음양이 다른 관계로 나를 극하는 존재입니다. 예쁘게 식물을 키워내기 위해서는 반드시 가지치기 하고 솎아내는 시간이 필요합니다. 노력과 정성의 시간 없이 방치한다면 식물은 질서없이 무성하게 수많은 가지를 만들어내며 세를 불리다가 결국 영양분이 부족해진 잎과 가지는 볼품 없어집니다. 심지어는 생명을 잃기도 합니다. 오행 역시 절제가 제대로 되지 않으면 딜레마에 빠질 수 있습니다. 정관은 사주 속에서 이러한 일간의 극단적인 번성을 적절히 제어하고 중재하는 선생님 같은 역할을 합니다. 예부터 정관은 식신과 더불어 가장 대접받는 최고의 길성 중 하나로 여겨왔습니다. 정관은 절제하는 힘이면서 이치를 거스르지 않고, 언제나 나를 보호하는 울타리 역할을 합니다. 따라서 정관하면 절제, 순응, 규칙, 직장, 단체,

모범 등과 같은 키워드가 떠오릅니다. 또, 여성에게 관성은 남편이나 남자친구를 뜻하기도 합니다. 관성이 나를 보호하면서 동시에 나를 제어하고 조절하는 세력이다보니 남성에게 보호받으며 그의 영향력 아래에서 살아가던 옛날에는 관성을 남편으로 해석하기도 했습니다.

정관이 잘 발달한 사람은 규칙을 준수하고 순응하며 상식적인 범위 내에서 움직이는 것을 선호합니다. 주류에서 크게 벗어나지 않는 인생을 꾸준히 따라가려고 합니다. 다른 사람들이 보기에 번듯하고 모범적이지만 크게 일탈이 없는, 어찌보면 좀 재미 없는 인생처럼 보이기도 합니다. 사주에서 정관이 과하지 않고 적절하게 발달한 사람들은 행동거지가 단정합니다. 주어진 환경이나 상황에 불만을 품거나 바꾸기보다 그에 순응하고 맞춰가며 주어진 것에 적응하려고 노력합니다. 그렇기에 요즘 같은 세상에 정관은 더욱 가치있는 십성이라고 생각합니다. 요즘 부모들은 자식들에게 무조건 규칙을 준수하고 현실에 순응하라고 교육하지 않습니다. 싫은 건 싫다 말하고, 무작정 참지 말라고 합니다. 아이가 학교 다니기 싫다고 하면 홈스쿨링을 통해 아이가 원하는 방식으로 교육을 해나갑니다. 물론 아이들이 존중받는 분위기는 매우 반가운 일이지만, 아이들 스스로 중심이 서있는 것을 전제로 해야 합니다. 하고 싶은 것을 하기 위해서는 싫은 것을 참을 수 있어야 하고, 자신이

정한 결정은 스스로 책임질 줄 알아야 하는데 정작 오늘날에는 책임감, 인내심, 협동심의 중요성을 크게 강조하지 않습니다. 옛날에는 모두가 지향해야 할 가장 우선시 되고 가치 있는 십성이었지만, 최근에는 정관다운 사람이나 가치관이 점점 사라져가고 있는 것입니다.

정관의 또 다른 특징은 무엇이 있을까요? 무조건 정답만을 준수하고 따라가는 정관은 정답 외에 다른 선택지가 주어지면 유연하게 대처해 나가기 어렵습니다. 주어진 것을 따라 배운 대로 행동하는 능력은 잘 발달됐지만, 돌발 상황에 놓였을 때 즉각적으로 반응하고 대처하는 힘은 부족합니다. 마찬가지로 순발력, 창의력, 융통성과 같은 요소들은 정관이 가진 장점과는 반대되는 특성을 가지고 있습니다.

우리나라 순수 멜로 작품 중 여전히 많은 사람들에게 회자되고 있는 영화 「8월의 크리스마스」가 있습니다. 작은 사진관을 운영하는 주인공 정원은 살아갈 날이 얼마 남지 않은 시한부 환자이지만 세상을 저주하거나 슬픔에 빠져 몸부림치지 않고, 그저 해야 할 일을 매일 매일 덤덤히 해나갑니다. 기계를 잘 만지지 못하는 아버지에게 차분하게 사용하는 방법을 설명하고, 손님들에게 늘 온화하게 미소를 지으며 사진을 찍어줍니다.

누구나 한 번쯤 삶의 고난에 맞서 세상을 원망하고 발악하기 마련입니다. 이별, 퇴직, 실패 등과 같은 원치 않는 삶의 여정들이나 그런 어려움의 시간에 묵묵히 나에게 주어진 것을 받아들이고, 그저 내가 해야 하는 일을 하나씩 해나가는 것은 결코 쉬운 일이 아닙니다. 자신의 남은 인생이 얼마 되지 않는다는 사실을 겸허하게 받아들이고, 주어진 일을 규칙에 따라 묵묵히 해나가는 영화 속 정원이야말로 정관의 특징과 가장 맞닿아 있습니다.

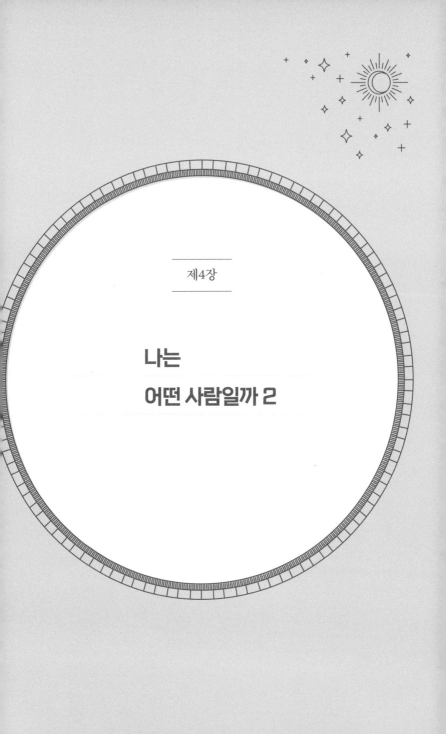

제4장

나는
어떤 사람일까 2

나만의
쿵따리 샤바라

1996년을 강타한 '쿵따리 샤바라'는 30년이 지난 지금
도 여전히 사람들에게 사랑 받고 있는 신나고 파워풀한 인
기가요 댄스곡입니다. 하지만 이 노래를 부른 가수 클론의
멤버들은 처음 노래를 듣고 무척 실망했다고 합니다. 그 당
시 가요계를 이끌던 유명한 김창환 작곡가가 직접 만든 곡
인데도 말이죠. 김창환이야말로 그 시기 가요계를 평정했
다 해도 과언이 아닐 정도로 유명한 작곡가이자 프로듀서
입니다. 그가 멋진 곡을 만들어주겠다고 약속했으니 당연
히 클론도 기대가 컸겠죠. 하지만 아무런 기교없이 통기타
를 퉁기며 나지막이 흥얼거리던 쿵따리 샤바라는 지금 우
리가 알고 있는 노래와는 완전히 다른 느낌이었을 것입니

다. 이처럼 같은 노래라도 어떻게 해석하고 누가 부르느냐에 따라 완전히 다른 분위기의 곡이 탄생하기도 합니다. 그렇다면 내가 부르는 나의 노래는 어떨가요?

사주에서 노래를 작곡(방향성)하는 것이 천간의 영역이라면 이것을 자신의 방식대로 편곡하여 부르는 목소리(실행)는 지지의 영역이라고 볼 수 있습니다. 작곡한 노래를 통기타로 연주하면서 어쿠스틱 버전으로 부르는가, 화려한 리듬과 이펙트를 사용하여 댄스 버전으로 부르는가, 웅장한 오케스트라 형식을 차용해서 연주하는가 등 같은 노래를 받아도 어떻게 편곡하느냐에 따라 굉장히 다른 느낌의 곡들이 만들어집니다. 이와 마찬가지로 사주에서 지지는 나만의 편곡 스타일을 만드는 데 일조합니다.

사주에 어떤 세력이 가장 많은 힘을 가지고 있는가에 따라서 자신의 노래를 빠르고 역동적으로 밀어붙이면서 온 세상에 알리고자 하는 사람도 있는가 하면, 반대로 최대한 많은 악기를 준비하고 철저히 연습해서 부르고자 하는 사람도 있습니다.

사생지/장생지	사왕지	사고지/사묘지
역마의 기운	도화의 기운	화개의 기운
인목 寅 호랑이 사화 巳 뱀 신금 申 원숭이 해수 亥 돼지	자수 子 쥐 오화 午 말 묘목 卯 토끼 유금 酉 닭	진토 辰 용 술토 戌 개 축토 丑 소 미토 未 양

지지는 크게 사생지, 사왕지, 사고지로 나눌 수 있습니다. 사생지는 네 개의 새로운 시작점을 의미합니다. 첫 번째 계절인 봄은 사생지에 해당합니다. 인목은 봄, 사화는 여름, 신금은 가을, 해수는 겨울의 시작점입니다. 계절이 바뀌고 시작되는 시간이다 보니 분주하고 역동적인 힘을 가지고 있습니다. 그래서 사생지의 요소들은 '역마'라는 별명을 가집니다. 사생지는 계절의 시작인 동시에 오행이 시작하는 지점이기도 합니다. 인목은 화, 사화는 금, 신금은 수, 해수는 목의 시작점입니다. 이렇게 오행이 태어나는 인사신해는 '장생지'라고 부르기도 합니다. 그런데 봄은 오행으로 목인데, 왜 인목은 계절로는 봄의 시작이면서 화의 시작점이 될까요? 사화는 여름의 시작인데, 왜 오행은 금의 장생지일까요? 계절과 오행의 시작점이 다르다보니 자칫 혼

동될 수 있지만, 이것이 사생지가 가진 특징입니다. 이들이 바로 시작하는 글자들이기 때문입니다. 시작하는 사람들은 언제나 멀리 미래를 바라봅니다. 누구나 장사를 시작할 때 폐업을 먼저 생각하지 않습니다. 장사를 잘해서 2, 3호점을 낼 계획을 세우는 게 사람의 마음입니다. 새로 시작하는 연인들도 마찬가지입니다. 사랑에 빠진 이들에게는 함께할 미래만 있을 뿐, 돌아봐야 할 과거 따위는 없습니다. 따라서 계절은 봄을 시작하더라도 그다음에 다가올 여름의 화 기운이 인목 안에는 자리 잡는 것입니다. 사화 역시 여름의 문을 열지만, 미리 가을의 금을 가슴에 품는 거죠. 신금이 가을의 시작이지만 수의 장생지이고, 해수가 겨울의 초입이지만 목의 장생지인 것도 같은 이치입니다.

사왕지는 그 계절의 가장 왕다운 시간이며 자오묘유가 이에 해당합니다. 자수는 겨울의 정중앙, 가장 겨울다운 시간이라는 뜻입니다. 오화는 여름의 한가운데를 의미하며, 묘목은 봄이 가장 번성하는 시간, 유금은 완연한 가을입니다. 마찬가지로 이들도 오행이 가장 번성하는 지점들입니다. 자는 수 기운의 정점이며, 오는 화 기운이 가장 번성하는 자리입니다. 묘는 목 기운의 정점이고, 유는 금 기운의 중심에 해당합니다. 이들의 오행이 가장 강력한 자리이기에 왕의 이름을 붙여 '사왕지'라고 합니다. 계절과 오행의 기운이 뚜렷하게 나타나기 때문에 이들을 '도화'라고 부르기도 합니다. 사생지나 사고지와는 다르게 이들은 계절과 오행이 동일합니다. 자는 겨울의 번성기이면서 수의 왕지이고, 오는 여름과 화를, 묘는 봄과 목을, 유는 가을과 금의 왕지에 해당합니다. 계절과 오행의 기운이 가장 강력한 글자들이기 때문에 이들은 다른 것은 보지 않고 그 시기, 그 오행만을 바라보고 있습니다.

사고지는 계절의 끝, 계절이 저물어 가는 시간을 의미합니다. 진술축미가 이에 해당합니다. 진토는 봄의 마지막이며, 술토는 가을의 마지막, 축토는 겨울의 끝자락, 미토는 여름을 마무리하는 시간입니다. 오행이 저물어가는 곳도 이 진술축미입니다. 진은 수가 잦아드는 곳이며, 술은 화의 끝자락, 축은 금의 종점, 미는 목의 끝에 해당합니다. 4개의 오행이 묻히는 자리라 하여 이들을 '사묘지'라 부르기도 합니다. 사고지도 사생지와 마찬가지로 맡은 계절과 오행이 다릅니다. 사생지가 계절의 시작 점에서 미래를 바라보고 있다면 사고지는 계절을 마무리하는 시간에서 과거를 바라봅니다. 진은 봄의 마지막 시간이지만 오행으로는 수(겨울)의 묘지에 해당합니다. 이 친구들이 계절과 오행을 마무리 짓는 역할을 하기 때문입니다. 여행이나 수업이 끝난 후, 우리는 앉아있던 자리를 돌아보며 잊은 게 없는지 확인해야 합니다. 따라서 사고지에는 지난 시간을 되새기는 고찰이 담겨 있습니다. 인생의 여정이 끝에 다다를수록 지난 시간을 되새기며 무엇을 놓쳤는지 회고해 보는 시간을 갖게 됩니다. 각자의 계절에서 지난 시기의 오행을 마무리 합니다.

각각 계절과 오행의 시작점과 정중앙 그리고 마무리의 시간으로 구분이 되어있기 때문에 생지와 왕지 그리고 고지는 각각 다른 특성을 가질 수밖에 없습니다. 자, 그럼 나의 사주에 사생지, 사왕지, 사고지의 무리가 어떤 형태로 들어와 있는지 나만의 스타일을 살펴볼까요?

사생지四生地
부딪쳐 길을 만드는 극강의 공격수

#역마의 기운 #인목 #사화 #신금 #해수

앞서 언급한 바와 같이 사생지는 인사신해 네 글자를 계절로 나눠 보았을 때 모든 계절의 '시작점'에 해당합니다. 봄이 시작하는 시기인 인목, 초여름이 시작하는 사화, 가을의 시작점 신금, 겨울의 해수가 바로 이에 해당하는 글자입니다. 이제 막 새로 시작하는 계절의 초입이니 계절이 생을 얻었다, 계절이 시작됐다 등으로 표현합니다. 이는 아기가 막 걸음마를 시작하는 단계에 비유되기도 합니다. 사생지의 다른 별명은 '역마'입니다. 역마가 이리저리 움직이고 분주하게 돌아다니는 기운임을 생각해 본다면 이런 사생지의 역할을 조금 더 쉽게 이해할 수 있을 것입니다.

계절의 초입은 분주하고 변화가 강합니다. 새싹이 얼어붙은 땅을 밀고 올라와야 봄의 시작이 가능합니다. 벌과 새가 날고 꽃이 피어납니다. 어느덧 봄이 가고 여름이 오면 수북했던 꽃잎들이 모두 지고 파릇파릇한 잎들이 올라오기 시작합니다. 가을의 시작은 어떤가요? 저장해둔 양분을 모조리 모아 열매로 밀어줘야만 가을의 결실이 만들어집니다. 사주에서 모든 기운이 시작하고 생명을 얻게 된 힘의 시기가 바로 사생지입니다. 사생지가 이런 시기이다 보니 인사신해는 해야할 일이 너무 많습니다. 미래를 준비하면서 동시에 무언가 결실을 맺기 위해 끊임없이 생각하고 움직이려 합니다. 사고지가 충분한 정보를 비축하고 취합한 후 비교적 안전하게 움직이는 반면, 사생지는 준비하고 기다릴 여유가 없습니다. 인사신해라는 시간이야말로 일단 시작했으면 망설이지 말고 무조건 움직이기 가장 적합하기 때문입니다. 추위가 가는 것 같았는데 다시 꽃샘 추위가 오면 피어나던 꽃들이 '아, 정보가 부족했어'라며 개화를 멈출까요? 이닙니다. 일단 시작했으면 끝까지 밀어붙이는 막무가내 정신이 필요합니다. 겨울이 아무리 매서워도 봄은 오고, 아무리 더운 여름이라도 선선한 가을은 반드시 오게 되어 있으니까요. 그것이 자연의 법칙이고 섭리입니다. 이처럼 사생지는 생각과 동시에 바닥에서 엉덩이를 떼고 움직이게끔 프로그래밍이 되어 있는 사주 속 요소들입니다. 이런 요소들은 인사신해가 가지고 있는 지장간 속에 잘 드러나 있습니다.

인목은 봄으로 들어가는 길목인 입춘을, 사화는 여름으로 들어가는 입하를, 신금은 가을에 해당하는 입추를, 해수는 겨울로 접어드는 입동을 기점으로 하고 있습니다. 예를 들어 볼까요? 인목의 지장간은 '무토, 병화, 갑목'입니다. 내가 인목이니 나와 동일한 목 기운은 당연히 주어진 힘이겠죠. 인목이 봄을 시작하는 계절이므로 바라보고 있는 기운은 여름을 나타내는 병화입니다. 다가오는 여름을 미리보고 준비하는 형태를 띠는 거죠. 또, 어떤 특징이 있을까요? 지장간에 있는 무, 병, 갑 모든 글자는 양기를 품고 있습니다. 그러므로 인목을 구성하는 요소들도 매우 양적인 운동을 합니다. 양적인 운동이란 앞 또는 위를 향해 적극적으로 솟아오르는 힘을 뜻합니다. 상황 봐가면서 혹은 주위 눈치를 보면서 적당히 힘을 조절하며 움직이는 게 아니라 훤히 드러날 만큼 강하고 거침없는 역동적인 형태의 운동을 합니다. 따라서 모든 인사신해 글자들은 미래를 바라보며 강하게 움직이는 양기만 그득 포함하고 있습니다.

우리가 어떤 일을 처음 도모할 때 설레고 의욕이 넘칩니다. 인사신해의 모습도 어린 아이를 닮아 호기심이 넘치고 움직이는 것에 망설임이나 두려움이 없는 성향을 가지고 있습니다. 아이들은 보행기를 타고 여기저기 부딪히면서 분주히 움직입니다. 소파 위에서 과감히 뛰어내리기도 하고, 뾰족하거나 뜨겁거나 상관없이 일단 호기심이 생기면 손이 먼저 나갑니다. 무모하지만 겁이 없고, 다소 불안정하더라도 곧바로 움직이는 즉각적인 기동성을 가지고 있습니다. 이런 면모는 삶을 불안정하게 할 수는 있지만, 한편으로는 직접 부딪히면서 계속 성장할 수 있는 힘이 되기도 합니다. 대신 가성비는 좋지 않기 때문에 소모되는 에너지는 많을 수밖에 없습니다. 누적된 데이터 없이 새롭게 시작하다 보니 모든 일마다 스스로 직접 몸을 부딪치면서 배워나가야 합니다. 하지만 직접 획득한 경험은 보고 배운 것과 달리 확실하게 내 것으로 체득할 수 있습니다. 가진 것 하나 없이 시작했어도 수많은 경험들을 하나하나 채워나가며 성장하는 캐릭터가 바로 사생지입니다.

인사신해가 강한 사주는 공격수의 기질도 가지고 있습니다. 공격수는 최전방을 빨리 뛰어다녀야 하기 때문에 제일 많이 다치기도 하고 앞장서서 전장을 뚫어야 한다는 고단함 때문에 가끔씩 억울해지기도 합니다. 그러나 스스로의 한계를 깨부수고 움직이는 이러한 기질은 성공으로 이어지는 아주 강한 힘을 가졌습니다. 남들은 가보지 못한 미지의 영역에 다른 사람들보다 먼저 깃발을 꽂을 수 있는 기동성을 가지고 있습니다. 누군가는 바닥으로 떨어진 것처럼 느껴질 상황이 인사신해에게는 다음 도약을 위한 도움닫기일 뿐이니까요. 바닥으로 납작 엎드리는 이유는 추진력을 이용하여 더 높은 곳으로 올라가기 위함입니다. 그러니 실패나 좌절을 너무 무서워하지 마세요. 담금질로 단단해진 주물 그릇처럼 인사신해 네 글자는 바닥을 뚫고 올라오는 무서운 저력을 숨기고 있으니까요. 단, 너무 강한 사람들은 안전장치를 잘 마련한 후에 움직여야 합니다. 더 많은 연습과 경험, 더 많은 생각과 기다림, 인내와 참을성을 장착한 후 인사신해의 실행력과 만난다면 요즘처럼 기회가 많은 세상에 굉장히 유용한 능력이 되어줄 것입니다.

인목 寅

인목은 봄 초입의 시간입니다. 언 땅이 녹고, 겨울 동안 보이지 않았던 새싹들이 움트기 시작하는 시간입니다. 겨울 땅을 뚫고 올라오는 양기를 머금은 글자가 바로 인목입니다. 인목은 십이지지로 호랑이를 의미합니다. 그러므로 추진하는 힘이 좋습니다. 성취욕, 용맹성, 리더십 같은 기질이 사주 곳곳에 숨어 있습니다. 모든 계절이 변화하는 시기에는 상당히 많은 힘이 들어가야 합니다. 그중에서도 겨울에서 봄으로 들어가는 시기의 변화는 마치 다른 세상이 되는 것처럼 드라마틱합니다. 들어가는 에너지 또한 상당합니다. 따라서 인목의 추진력과 용맹함이 이 계절의 시간에 가장 필요한 힘이 될 수밖에 없습니다.

봄의 힘은 신금이라는 가을의 힘과 반대점에 서있습니다. 그래서 인목과 신금은 만나면 강하게 충돌합니다. 물상으로 인목은 나무이고, 신금은 도끼라 기본적으로 부딪히는 소리도 큽니다. 쾅쾅 나무 베는 소리가 온 천지에 울려 퍼집니다. 그래서 모든 충돌 중에 '인신충'은 눈에 보이는 즉각적인 움직임, 환경의 변화 등을 의미합니다.

사화 巳

사화는 여름의 시작점인 입하를 기준으로 펼쳐지는 시간입니다. 십이지지로는 뱀을 의미합니다. 사화의 지장간은 무토, 경금, 병화로 이루어져 있습니다. 사화도 다른 인사신해와 마찬가지로 전부 양간으로 이루어져 있다는 것을 알 수 있습니다. 양토인 무토, 내가 바라보는 미래의 기운 경금 그리고 본연의 힘 병화로 구성되어 있습니다. 모든 인사신해가 그렇지만 그중에서 사화는 특히 더 맹렬한 양기를 의미합니다. 바깥으로 번져가는 폭발적인 에너지의 모양을 갖추고 있습니다. 그래서 사화는 거침없고 타협을 모르는, 끓어오르는 양기의 상징이기도 합니다. 인간관계에서나 일을 진행하는 과정에서 조절 능력이 요구되는 글자입니다. 사화가 강하면 자칫 주변 환경이나 관계를 본인이 원하는 방향으로 제어하고자 하는 욕구가 강하게 나타날 수 있습니다. 이러한 사화의 기질은 타인과의 관계에 호불호를 만들기도 하지만, 본인이 스스로를 힘들게 하기도 합니다. 이 기질은 결과를 위해 수단과 방법을 가리지 않는 '결과 지향주의'로 나타나기도 합니다. 용의주도한 면모를 가지고 있기도 하고요. 내 편이 되면 든든한 사화이지만 남의 편이 되면 제일 무서운 것이 사화입니다.

신금 申

신금은 가을의 시작점이며 동물로는 원숭이를 의미합니다. 신금을 이루는 성분 요소는 무토, 임수, 경금입니다. 모든 것이 무르익어가는 가을에 들어서 있고, 겨울 임수를 바라보고 있는 신금은 이제 곧 수확을 하기 위한 시기에 비유할 수 있습니다. 사람의 나이로 따지면 중장년의 시기로 많은 것을 경험하고 깨달은 나이를 의미합니다. 그러니 순발력이라든지 상황 판단력이나 계산이 빠른 편입니다. 어찌 보면 이해타산적으로 보이는 부분도 있지만, 집단 생활을 하는데 있어 꼭 나쁜 것만은 아닙니다. 하지만 이런 특징이 자칫하면 자기 과신으로 나타나 일을 그르칠 수 있다는 것을 꼭 명심해야 합니다. 인사신해 글자 중에서 시작하는 힘과 동시에 결과를 가장 잘 끌어오는 힘을 가지고 있습니다.

해수 亥

해수는 동물로 돼지를 의미하며 겨울의 시작인 입동에서 출발합니다. 해수의 지장간은 무토, 갑목, 임수입니다. 본인은 수이지만, 이 역시 다가오는 다음 계절인 목을 바라보고 있는 격입니다. 수 기운 자체가 주변과 동화하는 힘, 흡수되는 힘이 좋은 편입니다. 안에 숨겨둔 내가 바라보는 지향점은 목입니다. 나무를 키우기 위해서는 물이 잘 스며들어야 하는 것처럼 인간관계나 어떤 사상, 가치관들을 상대적으로 잘 받아들이고 인정해주는 성향을 가지고 있습니다. 이러한 해수의 특징은 먹을 복을 만들어 내기도 합니다.

해수의 반대편에 있는 글자는 사화입니다. 사화가 해수와 만나면 충돌합니다. 인신충처럼 바깥으로 보이는 강력한 변화의 형태보다 안에서 생겨나는 에너지의 충돌을 조금 더 눈여겨볼 필요가 있습니다. 외부의 변화를 포함해 여러가지 정신적 차원에서 다양한 생각의 전환들을 만들어 냅니다. 이것은 나를 힘들게 하는 요소가 되기도 하지만 동시에 많이 번민하고 고뇌해서 생각해낸, 남들이 쉽게 유추할 수 없는 특별한 것이 되기도 합니다. 따라서 타인과 결이 다른 생각과 아이디어를 잘 떠올리는 사람들은 사해충을 가진 이들이 많습니다.

사왕지 四旺支
현재에 몰입하는 집중의 미드필더

#도화의 기운 #자수 #오화 #묘목 #유금

자오묘유월은 그 계절이 제일 왕성하게 활동하는 정점의 시기를 의미합니다. 자수월은 눈 덮힌 차가운 겨울의 정점이고, 오화월은 모든 것이 초록이고 생명의 기운이 왕성한 여름의 정점입니다. 묘목월이 진정한 봄이라면 유금월은 완숙한 가을을 뜻합니다. 그래서 자오묘유월을 다른 말로 네 개의 왕지 즉, 사왕지라고 합니다. 그 계절에서 가장 왕다운 시간, 가장 화려하게 계절이 드러나는 시간을 의미합니다. 그렇게 번성한 시간이다 보니 이 자오묘유의 기운들은 '도화'라는 별명을 가지고 있습니다. 사람들은 계절의 기운이 가장 왕성한 왕지 때 가장 많이 놀러 나갑니다. 봄에 벚꽃이 가장 만발하는 시기가 묘월입니다. 가장 더운 오화월 여름에 물놀이를 가고 휴가를 떠납니다. 가을에 단풍이 절정일 때, 겨울이 쌓인 눈으로 설경이 아름답게 만들어질 때, 우리는 그 계절을 즐깁니다. 왕지의 글자를 가진 사람들도 원숙한 정점의 에너지와 매력을 가지고 있습니다.

도화가 '예쁘다', '아름답다'와 동의어라고 오해하는 사람들도 많습니다. 도화가 있다는 것이 무조건 '예쁘다'와 이어지는 것은 아닙니다. 당연히 예쁘지 않은 사람도 있으니까요. 하지만 사주에서 이런 도화의 특징을 지니고 있다면 분명 사람들을 몰입하게 하는 그들만의 능력이 있습니다. 도화가 사주에 많은 비중을 차지하는 사람들은 미래나 과거에 정신이 머물러 있지 않습니다. 지금 바로 눈앞에 주어진 현재에 격렬하게 반응하고 녹아듭니다. 순간순간 몰입하고 즐기는 에너지가 강하기 때문이죠. 마찬가지로 관계에서도 이 순간, 지금 옆에 있는 사람에게 몰두합니다. 그런 몰입감은 옆에 있는 사람을 어떤 식으로든 동화시킵니다. 도화를 가진 사람은 무관심해지거나 서서히 잊혀지는 게 아니라 계속 눈에 들어오는 게 특징입니다. 어떤 식으로든 상대방의 시선을 가져온다는 뜻인데요. 그렇기에 외모와는 별개로, 호불호와도 관계없이 이러한 도화는 사람을 끌어당기는 힘이 있습니다. 사람들이 많은 자리에서 도화의 특징은 더 강력하게 드러납니다. 가장 만개한 계절의 매력이니 서서히 보면 볼수록 드러나는 게 아니라 많은 사람들 중에서도 가장 먼저 타인의 눈에 보이고 확연히 두각을 드러냅니다. 본인이 원하지 않더라도 어떤 식으로든 발현됩니다. 회사에서 일을 잘하면 잘할수록 눈에 더 잘 띕니다. 실수도 남들보다 훨씬 두드러집니다. 도화의 말 한마디는 다른 계절의 말보다 더 많은 힘을 가지고 있고 사람을 주목하게 만듭니다. 남들은 부러워하는 도화지만 이런 특징 때문에 도화가 강한 사람들은 상처도 쉽게 받습니다. 나의 생각과 달리 사람들이 오해하거나 혹은 시기 질투하는 일들이 생기기 때문입니다.

화개나 역마처럼 다른 글자들의 지장간이 다채로운 오행으로 이루어져 있다면, 자오묘유 네 글자는 순수하게 본인이 가진 오행만을 음과 양으로 취하고 있습니다. 오화는 기토가 들어가긴 하지만, 나머지 모든 글자가 자기 오행만을 취하고 있습니다. 자수는 임수와 해수라는 지장간으로만 이루어져 있고, 오화는 병화 정화 기토, 묘목은 인목과 을목, 유금은 신금과 경금을 지장간에 두고 있습니다. 도화는 겉과 속이 다르지 않습니다. 나의 정체성이 내 속에 숨겨진 지장간과 일치합니다. 그렇기에 있는 그대로 내가 느낀 그대로 반응할 뿐인데 사람들에게는 나의 의견이 곡해되는 경우도 더러 생깁니다. 왜냐하면 어떤 이들은 정보나 사람을 있는 그대로 받아들이지 않고, 자신이 가진 잣대로 그 뒤에 저의를 가늠하려고 하기 때문입니다. 도화는 가려진 저의가 없습니다. 이중적이지 못합니다. 도화를 가진 사람들은 일부러 감정을 숨겨보려 하거나 앞뒤가 다른 행동을 하려 해도 쉽게 드러납니다. 안 보이기가 어렵습니다. 순수하고 단순하며 자신만의 개성이 강합니다. 사람을 만났을 때 누군가는 그 사람에 관한 데이터를 차곡차곡 축적한 후 상대방을 판단하지만, 도화를 가진 사람은 굉장히 직관적입니다. 정보만으로 찾기 힘든 상대의 숨겨진 장점이나 그 사람만의 특징을 찾아냅니다. 도화는 타인의 숨겨진 생각이나 말을 끌어내는 힘을 가지고 있습니다. 또, 순수하고 솔직한 감정을 가지고 있기에 어떤 사람이든 도화를 가진 사람 앞에서는 무장해제됩니다. 도화가 강한 사람과 함께 있으면 동조가 되어 평상시 나와는 다른 숨겨진 내 모습이 드러나기도 합니다. 이런 도화의 특징은 사람들을 오해하게도 합니다. 도화가 음란하다거나 색기있다고 해석되는 것도 순간에 강하게 몰입하기 때문으로 인간관계에서는 바람기가 있는 것처럼 보여지거나 혹은 그렇게 발현될 수 있기 때문입니다. 도화는 현재에 몰입을 잘하는 특징을 가지고 있습니다. 지금 내가 생각하는 가장 강력한 재미를 좇게 되는 식으로 연결될 수 있기 때문에 음주나 쾌락 지수가 높은 취미나 행위들을 우선시하는 성향이 드러나기도 합니다.

　역마가 미래를, 화개가 과거를 보는 지장간을 가진 글자들인 반면, 도화는 지장간에 나와 같은 오행만을 두고 있어 현재에 가장 충실한 기운입니다. 현재에 몰입하고 즐기고 지금 바로 내 옆에 있는 사람에게 집중하는 도화는 사람을 끌고 오는 강한 매력이 있지만, 이런 기운이 너무 강하면 늘 현재에만 머무를 수 있기 때문에 동시에 조금 더 정보를 비축하고 미래를 위한 준비가 요구됩니다.

아무리 맛있는 음식도 배가 터질 때까지 꾸역꾸역 입속으로 밀어넣으면 처음의 감동은 사라지고 질려버리기 마련입니다. 진정 달콤한 휴식은 몇 시간씩 휴대폰을 들여다보는 게 아니라 땀을 뻘뻘 흘려가며 열심히 운동한 뒤 맛보는 잠깐의 시간입니다. 과하게 현재의 쾌락을 좇다 보면 자괴감과 자책감이 들 수밖에 없습니다. 사주에 왕지가 강한 사람들은 이런 절제의 미덕을 찾는 것이 중요합니다. 순간의 몰입 후에 적절한 마무리의 시간을 찾고 다음을 위해 남겨두는 것, 이러한 자제력이 잘 주어진다면 도화의 장점은 더욱 빛날 것입니다.

자수 子

자수는 겨울의 정점을 뜻합니다. 대설과 소한을 끼고 있는 시기이며 십이지지 동물 중 쥐를 의미합니다. 쥐라는 동물은 예로부터 음의 기운을 가지면서 꾀가 많은 동물로 많이 해석되어 왔습니다. 자수라는 시간도 한밤중이나 한겨울처럼 휴식을 취하고 에너지를 충전하는 음의 시간에 배정되어 있습니다. 그렇기에 자수는 아이디어, 총명함, 창작 능력, 번식 능력과도 같은 굵직한 키워드로 해석됩니다. 모든 도화 중 자도화가 가장 강력하다 말하는 이유는 자수가 가진 강력한 음의 기운 때문이기도 합니다. 도화는 대부분 바깥으로 드러나는 성질을 강하게 가지고 있지만, 자수는 피어나는 느낌보다 한밤중 어둠이나 깊은 물속처럼 은밀한 느낌이 강합니다. 그러다보니 도화가 가장 극대화되어 드러나는 것이 자수입니다. 자수는 물웅덩이 즉, 여성의 자궁이나 양수를 의미하기 때문에 휴식을 취하고 싶은 자리이면서 동시에 성적인 메시지도 강한 글자입니다. 우리는 가끔 아껴둔 드라마를 밤에 혼자 은밀하게 즐기고 싶어 합니다. 똑같은 것을 봐도 낮보다 밤에 보는 것이 훨씬 재밌습니다. 밤은 인간이 본능에 가장 충실한 시간이니까요. 음과 양, 이성과 본능 등 이런 상반되는 특징을 가지고 있으니 강력하게 관심을 이끌 수밖에요.

오화 午

오화는 계절로는 여름이며 한낮의 해가 가장 뜨거운 정오의 시간을 의미합니다. 계절적으로나 시간적으로 굉장히 양기가 충만합니다. 십이지지로 말을 의미합니다. 열기 넘치는 계절과 에너지 넘치게 뛰어다니는 말을 생각해보면 알 수 있듯이 오화는 동적인 에너지를 강하게 가지고 있습니다. 극단적으로 한 번에 터지는 오화의 에너지는 금세 바람 빠진 풍선처럼 사그라들어서 파이팅 넘칠 때와 아닐 때가 극명하게 다릅니다. 도화 중 단순하고 순수하며 열정적인 특징을 가장 뚜렷하게 나타내는 것이 바로 오화입니다. 이는 오화가 가진 장점이자 동시에 아킬레스건이기도 합니다. 화려하게 드러나는 오화는 순발력이 좋아 임기응변에 능하지만, 자신의 감정을 드러냄에 있어 서슴이 없고 적극적입니다. 이러한 성향은 구설에 휘말리거나 타인의 오해를 받기도 합니다. 또한 적절한 조절 능력이 없어 고삐 풀린 야생마처럼 굴기도 합니다. 따라서 오화는 모든 왕지 중에서 절제와 조절의 미학이 가장 필요한 글자입니다. 동시에 모든 왕지 중 대중들의 관심을 즐길 준비가 가장 잘 되어 있는 오화는 요즘 같은 시대에 본인의 매력을 어떻게 활용하냐에 따라 자기 홍보에 큰 도움이 될 수도 있습니다.

묘목 卯

묘목의 계절은 경칩부터 시작하는 봄이며, 해가 뜨는 아침의 시간을 의미합니다. 십이지지 동물 중 토끼에 해당합니다. 귀여운 겉모습과 달리 토끼는 불안도가 높고 예민한 동물입니다. 풀을 뜯어 먹는 동안에도 늘 귀를 쫑긋 세운 채 주변을 살피고 있습니다. 이와 마찬가지로 묘목은 섬세하고 예술적이며 불안정하고 다정합니다. 타인보다 섬세하기에 더 능숙하게 배려할 줄 압니다.

묘목이 베푸는 배려가 타인에게는 따뜻함으로 느껴지지만 행위를 하는 자신은 스트레스를 받기도 합니다. 주변을 기민하게 살피기 때문에 쓰이는 에너지도 많은 편입니다. 겉으로 보이는 사랑스럽고 천진한 모습과는 달리 속은 치열하고 예민한 생각들로 가득 차 있기 때문에 보이는 겉모습과 실제 성향이 다른 경우가 많습니다. 그러나 이런 섬세함은 타인이 보지 못하는 세세한 부분을 찾아낼 수 있는 능력이 되기도 하기에 이 힘을 잘 활용한다면 예술적인 감각으로 발전시켜 여러 가지 분야에 적절하게 쓰일 수 있습니다.

유금 酉

유금은 시간상 저녁, 계절상으로 가을의 정점을 의미합니다. 십이지지에 배정 받은 동물은 닭입니다. 유금은 하루 일과가 저물어가는 시간이자 수확의 시간입니다. 이전의 많은 시간이 결실을 준비하는 밑거름이었다면 유금은 거

뒤들이는 시간입니다. 그래서 유금은 일부러 드러내지 않아도 내실 있어 보이는 사람들이 많습니다.

유금은 차가운 계절의 성질이라 숙살지기[쌀쌀하고 매서운 기운]를 강하게 가지고 있는 글자입니다. 글자 자체도 칼과 같은 단단하고 날카로운 성질을 가지고 있기 때문에 냉철하고 이성적이며 믿음직스러운 이미지를 가지고 있습니다. 가을의 무르익음을 의미하는 글자처럼 성숙하고 어른스러운 면모를 가지고 있기도 합니다. 금은 장년의 냉철함과 현실적인 감각에 가장 가까운 오행인데, 지장간이 온통 금으로만 이루어진 유금이야말로 이러한 특징이 가장 많이 깃든 지지입니다. 또, 유금의 현실적인 판단력은 촌철살인으로 이어지기도 하고, 다른 도화와 달리 본인이 가진 것을 전략적으로 활용해 사람을 공략하기도 합니다.

(((●)))

사고지 四庫地
완벽하게 준비하는 철벽 수비수

#화개의 기운 #진토 #술토 #축토 #미토

진술축미는 순서대로 본다면 계절의 마무리 단계입니다. 겉으로는 현재 계절의 힘이 가장 왕성한 듯 보이지만 사실은 이 계절을 마무리하고 다가오는 변화를 맞이해야 하는 정리의 시간을 뜻합니다. 계절을 갈무리해서 거둬들이는 창고 역할을 하는 네 개의 땅이라는 의미로 '사고지'라고 부릅니다. 진월은 봄이 갈무리되고 여름으로 넘어가는 중간 시기를, 미월은 더위가 가장 왕성하게 폭발하면서도 끝을 바라보는 여름의 종착지를 의미합니다. 술월은 가을에서 겨울로 넘어가는 과정의 시간이며, 축월은 겨울에서 봄으로 접어드는 시간입니다. 모든 진술축미는 계절과 계절이 교차되는 시기인 동시에 이전 계절의 끄트머리에 해당합니다.

그런데 진술축미를 일컫는 사고지에 창고의 뜻을 가진 한자를 쓰는 이유는 무엇일까요? 대부분의 사람들이 과거를 회상하며 추억에 젖어드는 장소가 바로 창고이기 때문입니다. 영화에서 보면 다락방이나 옛날 차고에 가득 쌓인 오래된 물건을 정리하며 과거를 회상하는 주인공처럼 누구나 빛바랜 사진첩이나 어린 시절 일기장을 보면서 추억에 빠진 경험이 한 번씩은 있을 것입니다. 창고는 과거 우리가 사용했던 물건들을 보관하는 장소로 쓰입니다. 그래서 진술축미는 사색의 힘을 바탕으로 무언가를 깊이 들여다보며 근원을 찾아가는 탐구심이 강합니다. 이런 성향은 답이 없는 질문들 즉, 심리, 철학, 예술, 종교와 같은 학문에 관심을 드러내기도 합니다. 물론 사주 구성이나 글자의 특성에 따라 극현실주의인 사람도 있지만, 공통점은 본질에 의문을 갖는다는 것입니다.

여기 똑같은 일을 하는 A와 B가 있습니다. A는 주어진 일에 별 의문을 품지 않고 잘 따라가는 반면, 진술축미를 품은 B는 남들은 궁금해하지 않는 점에 의문을 품습니다. 일의 과정과 결과가 온전히 이해돼야 능동적으로 움직일 수 있으니까요. 이러한 성향은 일을 순조롭게 풀어가거나 더 좋은 시스템을 만드는 데 일조할 수도 있지만, 주어진 대로 일하는 게 편한 단순한 사람에게는 질문 많고 엉뚱한 고문관이 될 수도 있습니다. 사주 상담을 할 때도 사고지가 많은 사람들은 질문의 결도 확실히 다릅니다. 대부분은 재물운이 어떤지 연애시기는 언제인지 등 직접적인 질문을 하지만, 진술축미는 나에게 주어진 잠재력을 어떻게 풀어나갈 것인지, 나는 어떤 존재인지 등 근본적인 질문을 늘어놓습니다.

사용하지 않는 물건을 창고에 넣는 이유는 언젠가 다시 사용할 가능성이 있기 때문입니다. 더는 필요치 않은 물건은 버리거나 중고마켓에서 헐값에 팔아버리고, 언젠가 다시 사용할 가치가 있는 물건만 창고에 보관합니다. 사주에 진술축미를 가지고 있는 사람은 어떤 결정을 내려야할 때 창고에 있는 것들을 최대한 활용합니다. 자오묘유 왕지를 가진 사람이 순간에 몰입해서 직관력을 따르는 판단을 잘한다면, 진술축미를 가진 사람은 자신의 창고 속 데이터가 부족할 경우, 섣불리 움직이지 않습니다. 따라서 움직이는 힘이나 시작하는 힘이 조금 느릴 수 있습니다. 이 모습이 때론 방관자처럼 보이기도 하고, 열정이 없는 것처럼 비치기도 합니다. 하지만 자신만의 창고 안에 활용할 만한 정보가 충분히 쌓이면 누구보다 과감하고 치밀하게 움직여 결과를 만들어냅니다. 이처럼 사고지는 잉여 에너지를 많이 소모하지 않습니다. 이미 충분한 정보를 얻었기 때문에 판단착오가 적습니다. 남들이 먼저 출발해서 서너 번 부딪히며 시행착오를 겪는 동안 출발은 조금 늦더라도 한 방에 해결할 수 있는 치밀함을 가지고 있습니다. 그러니 에너지도, 재화도 잃을 일이 적습니다. 최소한의 힘으로 최대의 결과를 낼 수 있어 에너지 가성비가 매우 뛰어납니다. 진술축미를 가진 사람 중 부자가 많은 이유도 이러한 특징 때문입니다. 특히 사고지의 글자가 본인에게 재화의 창고 역할을 할 때 이런 기질은 더욱 강해집니다. 즉 진술축미가 재성의 창고 역할을 하고 있는 경우입니다. 소비하는 것보다 저축하는 쪽으로 프로그래밍이 되어 있으니 재물 축적에 상당히 용이합니다. 용의주도하게 나에게 주어진 것을 지켜내고 재화나 의사결정에 필요한 것들을 집요하게 모을 줄 압니다.

진술축미의 또 다른 특징은 '과거를 본다'는 것입니다. 옛것을 익혀 새로운 것을 받아들이는 온고지신에 걸맞는 진술축미는 지장간에 숨어 있는 모든 글자들이 본인과 동일한 토 기운을 제외하고 이전 계절과 직전 달의 기운을 품고 있습니다. 예를 들어 진토의 지장간은 을목, 계수, 무토로 이루어져 있는데, 진월은 봄에서 여름으로 넘어가는 자리를 의미합니다. 지나고 있는 봄의 을목 기운과 지난 겨울의 계수 기운이 마무리되어 창고에 남겨졌습니다. 술토의 지장간은 신금, 정화, 무토로 이루어져 있으며 지나온 가을의 신금 기운과 지난 여름의 정화 기운을 가을에서 겨울로 넘어가는 달 술토의 지장간에 수납하는 것입니다. 진술축미는 앞으로 다가올 미래보다 지난 날 나에게 남겨진 것을 조합하고, 그를 통해 결과를 만들어내는 일에 더 익숙합니다. 오랫동안 한 분야의 정점을 찍은 장인들에게 많이 나타나는 특징입니다. 하지만 이런 기질은 양날의 검이 되어 아픔을 만들어내기도 합니다. 누군가의 죽음이나 이별, 힘들었던 과거의 사건들로부터 오랫동안 영향을 받을 수 있습니다. 자칫 트라우마가 되어 후유증으로 남거나, 과거를 복기하면서 지난 일에서 벗어나지 못하는 경우도 많습니다. 사고지는 '어떤 육친의 무덤 역할을 한다'는 의미로 '사묘지'라고 불리기도 합니다. 이 때문에 아픔이 있다고도 해석되는데, 사실 아픔 없는 사람이 세상에 어디 있을까요? 누구나 태어나면 죽음을 맞이하고, 슬픈 이별의 순간은 예외가 없습니다. 다만 사고지를 깔고 있는 사람들은 슬픈 상황에 오랫동안 영향을 받거나 마음 속에 품고 살아가는 경우가 많기에 육친 인간관계에 아픔이 있다고 해석합니다.

창고는 어니에 붙어 있느냐에 따라 활용도가 다양해집니다. 차고 옆에 붙어있는 창고는 자동차를 세차하거나 수리하는 장소로 쓰일 수 있고, 다락에 있는 창고는 필요시에 손님이 묵을 수 있는 방이 됩니다. 주방 옆 창고는 음식을 수납하는 팬트리뿐 아니라 주방의 확장 공간이 되기도 합니다. 이처럼 창고 역할을 하는 사고지가 어떤 글자와 조를 짜고 있느냐에 따라 매우 다른 쓰임새를 가집니다. 토는 목화금수를 모두 품고 있습니다. 그래서 진술축미가 가진 잠재력이 굉장히 큽니다. 진술축미를 가진 사람들은 지금 내 모습이 내가 가진 전부가 아니라는 사실을 반드시 기억해야 합니다. 내 사주 창고에는 자신이 어떻게 활용하느냐에 따라서 각양각색으로 쓰일 수 있는 숨겨진 무기들이 무궁무진 합니다. 새로운 것들에 호기심을 갖고, 어느 정도의 위험은 감수할 줄 아는 개척 정신을 가져보시기 바랍니다.

진토 辰

진토는 봄에서 여름으로 가는 계절상의 시간을 의미합니다. 십이지지 동물로 용을 의미합니다. 이제 여름이 시작되니 겨울의 수 기운이 갈무리 되어 진토에 남게 됩니다. 그래서 진토는 수 기운의 창고 역할을 합니다. 봄에서 여름을 향하는 진토는 습기가 많고 온도도 적당한 땅으로 나무가 뿌리내릴 수 있는 최적의 조건을 가지고 있습니다.

토 중에서 진토는 적응력이나 상황 판단력이 매우 뛰어납니다. 진시[오전 7시-9시]가 모든 만물이 기지개를 켜고 하루를 시작하는 시간이라는 데서 알 수 있듯이 진토 역시 생명력이나 잠재력이 뛰어납니다. 이런 좋은 조건들을 갖추고 있다보니 자기 자신에 대한 기대치도 높을 수밖에 없습니다. 어설픈 결과에 쉽게 만족하지 못하는 진토는 이상주의자 또는 완벽주의자가 연관어이기도 합니다.

술토 戌

술토는 시기상 가을에서 겨울로 넘어가는 때를 의미합니다. 십이지지 동물로 개를 의미합니다. 건조하고 차가운 기운을 가지고 있는 술토는 진토와 정반대의 기질을 가지고 있습니다. 진토와 술토는 같은 토 기운이라도 대척점에 서 있다 보니 서로 충돌합니다. 진토는 수를 거두는 창고이고, 술토는 화 기운을 거두는 창고입니다. 따라서 여름의 뜨거운 화 기운은 가을의 끝자락인 술토에 저장됩니다. 진토가 시작하는 땅이라면 술토는 수확이 끝난 늦자락의 가을 땅에 해당합니다. 그러니 무엇을 키워내는 능력보다 마무리하고 정리하여 수렴하는 쪽에 더 강한 능력치를 가지고 있습니다. 이러한 기질은 인간관계에서도 똑같이 발현됩니다. 상대와의 관계에 공을 들이고 지켜보다가도 어느 순간 냉정하게 관계를 정리하는 모습은 술토에게서 자주 찾아볼 수 있습니다.

축토 丑

축토는 차갑게 얼어붙은 동토 즉, 겨울의 땅을 의미합니다. 십이지지 동물로는 소가 축토에 해당합니다. 이전 계절인 금의 창고 역할을 하며 차갑고 습한 특성을 가지고 있습니다. 따뜻하고 습한 땅은 외부의 기운을 수월하게 받아들이지만, 차갑게 언 땅은 받아들여 적응하기까지 시간이 걸립니다. 이처럼 축토가 강한 사람은 인간관계를 맺거나 일을 하는데 있어 적응하기까지 시간이 걸립니다. 하지만 적응 기간이 끝나고 본인의 몫을 시작하면 그 작용력이 아주 강력해집니다. 겨울에 얼어붙은 밭을 보면 '과연 무엇이 자랄 수 있을까?' 하는 생각이 들 만큼 황량합니다. 땅위에서는 아무 것도 볼 수 없기 때문이죠. 하지만 땅속은 봄을 기다리며 깊숙히 힘을 저장하고 있습니다. 이것이 바로 고밀도 농축 에너지입니다.

축토는 고진감래, 대기만성이라는 글자가 가장 잘 어울리는 땅입니다. 소는 절대 요령을 피우거나 꾀를 부리며 드러눕는 경우는 없습니다. 묵묵히 앞으로 나아갈 뿐입니다. 이러한 축토의 기질은 일의 소질이나 능률보다는 우직하고 성실한 자세로 완벽한 결과를 만들어냅니다.

미토 未

축토가 겨울의 얼어붙은 땅이라면 미토는 한여름의 건조하고 뜨거운 토양을 의미합니다. 십이지지 동물로는 양을 의미합니다. 축토와 반대되는 기질을 가지고 있어 늘 대립하고 충돌하는 관계가 형성됩니다. 사주에 온도와 습도는 성미와도 긴밀한 연관이 있는데요. 미토의 경우는 뜨거우면서 동시에 건조한 기운을 가지고 있어 진술축미 중 상대적으로 급하고 빠른 기운을 가지고 있습니다. 여름에서 가을로 넘어가는 시기의 미토는 뜨거운 여름의 양기도 품고 있지만, 가을 숙살지기처럼 날카로움도 동시에 맺어지기 시작하는 자리입니다. 막 팽창하고 불어나던 양의 기운이 수축하고 단단하게 결실이 맺어져 음의 작용으로 바뀌기 시작하는 기점이 미토입니다.

대체로 음과 양이 전환하는 자리는 이중적인 기운을 많이 가지고 있습니다. 단지 하나로만 정의할 수 있는 사람이나 기질이 아닙니다. 음과 양 모두를 아우르는 힘을 가지고 있는 경우, 사물이나 상황을 바라보는 시야가 빠르고 넓습니다. 미토는 음양의 전환을 도맡아하는 시기인만큼 사람과 사람, 정보와 사람, 정보와 정보를 연결해주는 일이나 중계하는 일에 큰 힘을 낼 수 있습니다.

사주 응용편

내 인생은
얼마나 반짝거릴까?

와인 오프너는 신강할까,
신약할까?

사주를 볼 때 신강하면 이렇고 신약하면 저렇다는 식의 이야기를 듣곤 합니다. 하지만 이야기를 듣다 보면 좋은 건지 아닌지 아리송하기만 한데요. 막연히 느끼기에는 '신강하다'는 강력하고 좋을 것 같은 반면 '신약하다'는 연약하고 안 좋은 느낌이 듭니다. 신강해야 잘 산다는 이야기를 듣게 되면 '난 신약하다던데 그럼 안 좋은 건가?' 은근히 걱정되기도 합니다. 그럼 도대체 무엇이 정답일까요? 무엇이 좋고 무엇이 나쁠까요? 앞에서 함께 살펴봤듯이 자신이 어떤 일간을 가지고 태어났느냐에 따라 다른 오행이 나에게 주는 기운은 제각기 다릅니다. 복습 삼아 잠깐 다시 이야기해 보겠습니다.

저는 무토 일간으로 태어났습니다. 나의 일간과 같은 토 기운이 사주에 자리 잡고 있는 경우, 이것은 나의 뿌리가 되어주는가 하면 나와 어깨를 나란히 하고 있는 비겁 즉, 비견과 겁재가 되어 나를 강하게 만들어줍니다. 토양은 햇볕을 쬐야 생명을 머금고 싹을 틔울 수 있습니다. 하지만 같은 토양이라도 해가 드는 쪽은 푸르고 무엇이든 잘 자라는 반면, 해가 들지 못하는 쪽은 새싹 하나 틔우는 일이 더디고 힘듭니다.

사주에서 편인과 정인은 나를 돕는 기운인 인성에 해당합니다. 토 기운을 가진 저에게 인성은 '화'입니다. 비겁과 인성, 이것을 통틀어 '인비 세력'이라고 합니다. 인성은 나를 생하고 비겁은 나의 뿌리가 되어줍니다. 사주명식에 이러한 기운이 강하게 드러날 때 바로 신강한 사주 또는 신강하다고 이야기합니다. 그렇다면 어느 경우를 강하다고 하는 걸까요? 이 역시 책마다 나누는 기준이 조금씩 다르지만 단식으로 간단히 확인하는 방법을 알려드리겠습니다.

시간 [1점]	일간	월간 [1점]	년간 [1점]	총 10점
시지 [1점]	일지 [2점]	월지 [3점]	년지 [1점]	신강 (6점 이상) 중화 (5점) 신약 (4점 이하)

자, 사주명식을 열고 자신의 자리 전체를 살펴봅니다. 전체 중 가장 중요한 자리는 일간 아래 있는 '일지와 월지'입니다. 일지에 인비 세력이 들어와 있으면 2점, 월지에 들어와 있으면 3점, 그 외는 1점입니다. 각각의 점수를 더하면 나의 인비 세력이 몇 점인지 확인할 수 있습니다. 나의 사주에서 최소 6점 이상이 인비 세력으로 채워져 있으면 '신강한 사주'라고 할 수 있습니다. 사주 여덟 칸 중 나를 생하는 기운이 절반 이상이라는 의미니까요. 반면, 나를 돕는 기운보다 나를 극하는 또는 내가 극하는 기운들인 식상, 관성, 재성이 강하면 '신약한 사주'입니다. 그 기운들이 인비 세력과 점수가 비슷하면 '중화된 사주'라고 부르며 기운이 치우치지 않았다는 뜻입니다. 좀 더 자세히 신강, 신약을 구분하는 방법은 각자의 사주에 따라 다르니 여기서는 대략적인 강약만 구분해보세요.

정리하면 신강한 사주는 나를 돕는 기운이 강한 사주를 의미하며, 생각과 기운의 방향이 나를 향해 있음을 뜻합니다. 신약한 사주는 나를 누르는 기운이 강한 사주를 의미하며, 생각과 기운의 방향이 나보다는 우리 혹은 바깥을 향해 있습니다.

이번에는 성격을 예로 들어 이야기해 보겠습니다. 사주 명식에 따라 차이는 있지만 인비가 강한 신강한 사주는 대체로 뚝심이 있고 끈기가 강합니다. 신강한 사주의 경우에는 본인이 생각하는 것이 정답이고 마음먹은 것은 어떻게든 끌고 가고자 하는 근성이 좋습니다. 힘이 받쳐주는 만큼 자기중심적인 성향도 강합니다. 모든 중심이 내가 되어야 하고 나로부터 출발합니다. 시선이 타인보다 자신을 향해 있다 보니 상대적으로 주변 환경이나 사람들에게 잘 휘둘리지 않습니다. 주변 상황을 살피지 않고 본인의 생각대로 움직이고 시도합니다. 단, 본인의 생각대로 움직이려다 보니 정신력이 강하나 유연성은 부족합니다. 그렇다면 신약한 사주는 어떨까요? 보통 자신보다 우리 혹은 타인을 향해 관심이 열려있습니다. 그렇다보니 융통성이 있고 유연합니다. 상황에 따라 시시각각 다르게 대처할 줄 알고, 환경, 사람, 감정 상태에 따라 상대적으로 기민하게 반응하고 알아챕니다. 변화에 민감하고 영향을 받습니다. 또, 조심스러운 성향을 가지고 있어 계획적으로 움직이려 하며 타이밍에 맞춰 시도하려 합니다. 생각을 끌고 나가는 힘은 신강한 사주에 비해 부족하지만 주변 환경이나 인간관계에 수월하게 적응하고 잘 스며듭니다.

자, 여러분은 어떤 사주가 좋다고 느끼나요? 신강한 사주, 신약한 사주 모두 좋은 부분과 그렇지 못한 부분을 함께 가지고 있습니다. 사실 이는 사주의 기질적 특징일 뿐 무엇이 좋다 나쁘다를 말할 수 없습니다. 고집과 끈기가 있어 본인에게 주어진 일을 끝까지 해내며 남에게 휘둘리지 않고 묵묵히 자신의 길을 걸어가는 신강한 사주도 뒤집어보면 아집이 있어 남의 이야기를 잘 듣지 않고, 주변 따위 신경도 쓰지 않은 채 옹고집을 부린다고 바꿔 풀이할 수 있습니다. 끈기있는 자세는 무모한 일에도 고집을 부리는 이기적인 모습으로 드러날 수 있고, 뚝심있는 태도는 타인을 무시하고 제멋대로 행동하는 사람으로 비춰질 수 있으니까요. 신약한 사주도 마찬가지입니다. 주변의 변화를 잘 살피고 계획적으로 차근차근 움직이며 융통성 있고 주변에 잘 적응하는 이 기운도 뒤집으면 남들 눈치만 보고, 남들이 좋다고 하면 무조건 따라가기 바쁜 줏대없고 생각없는 사람으로 풀이될 수 있습니다. 결국 신약한 사람은 신강한 사람의 뚝심과 끈기를 부러워하고, 신강한 사람은 신약한 사주의 적응력과 유연함을 부러워할 것입니다. 사람은 자신이 가진 것은 안 보이고 남의 떡만 커보이는 법이니까요.

결국 자신이 타고난 장점을 파악해서 이를 잘 키워나갈 것인가, 자신에게 없는 것만 탐내며 계속 자책할 것인가는 온전히 자신에게 달려있습니다. 신강, 신약한 사주 뿐 아니라 사주의 모든 기운과 모양이 그러합니다. 사주를 보면 상관이나 편관의 의미도 잘 모르는데 뭔가 좋지 않다거나 나쁘다고 합니다. 같은 칼을 들고 있지만 어떻게 사용하느냐에 따라 선과 악을 구분하듯, 결국 내가 나의 사주를 어떤 마음으로 어떻게 사용할 것인가가 중요합니다. 이미 정해진 나의 사주를 절대 바꿀 수는 없습니다. 하지만 좋다 혹은 나쁘다 식의 단편적인 해석과 판단으로 지레 겁먹고 포기할 게 아니라 어떻게 사용해야 적절한지 노력하는 게 사주에서 훨씬 중요합니다.

와인 오프너 보신 적 있나요? 뱅글뱅글 돌아가는 나사 모양의 희한한 스크루가 달린 와인 오프너는 어떻게 사용하는 물건인지 쉽사리 알 수 없게 생겼습니다. 하지만 정작 와인 오프너 없이 와인을 따는 일은 무척 힘듭니다. 날카로운 칼이나 뾰족한 가위로도 절대 와인을 딸 수 없습니다. 칼과 가위처럼 여기저기 쓰임새도 많고 잘 사는 것처럼 보여도 희한하게 생긴 와인 오프너가 별 쓸모 없이 보여도, 직절한 사용처를 찾지 못했을 뿐 이 세상에 쓸모없는 것은 단 하나도 없습니다. 와인을 따려면 반드시 와인 오프너가 필요한 것처럼 여러분이 가지고 태어난 사주의 기질도 반드시 어딘가에 필요할 것입니다. 신강, 신약 역시 하나의 특징일 뿐이니 이건 좋고 저건 나쁘다고 함부로 단정짓지 마세요. 칼이 좋은지 와인 오프너가 좋은지는 쓰임새에 따라 결정될 뿐 누구도 판단할 수 없으니까요.

도대체
'관살혼잡'이 뭐길래

사주 공부를 시작하면 좋다는 소리보다 '무엇 무엇 때문에 좋지 않다'는 이야기를 훨씬 많이 듣게 됩니다. 사주를 공부하면 할수록 '아, 내 사주는 진짜 최악이구나'라는 생각에 사로잡힐 때가 있는데요. 이번에는 특히나 여성들이 부정적으로 느낄 수 있는 '관살혼잡'에 대해 이야기하겠습니다. 사주를 공부하다 보면 관살이 많다 혹은 혼잡되면 좋지 못하다는 말을 듣는 경우가 있습니다. 관살이란 나를 극하는 오행인 '정관과 편관'을 아우른 말입니다. 물론 모든 오행이 나의 사주에 영향을 끼치지만 특히 여성들에게 있어 관성은 남편 또는 남자 친구를 의미하기에 더욱 눈에

띨 수밖에 없습니다. 관살혼잡은 기운이 혼잡하게 섞여 있다는 뜻으로 여성은 남편이 많다 혹은 일부종사를 못 한다, 음란하다, 남자 복이 없다, 이성과의 관계가 문란하여 품행이 바르지 못하다 등의 의미로 해석되곤 합니다. 그렇다면 남성은 어떨까요? 남성에게 관은 사회생활 또는 직장을 의미합니다. 따라서 관이 많고 혼잡할 경우, 남성은 한 곳에서 진득하게 일하기 어렵다, 안정적이지 못하고 직장의 변동이 잦다고 해석할 수 있습니다.

관살혼잡은 사주 내에서 정관과 편관이 세 개 이상이거나 천간에 정관과 편관이 같이 드러나 있는 경우에 해당합니다. 천간 자리에 정관이나 편관이 하나만 있더라도 사주에 관이 네 개 이상 혼재되어 있으면 관살혼잡으로 볼 수 있습니다. 앞서 언급했듯이 관성은 나를 극하는 기운입니다. 내가 목의 사주로 태어났다면 금으로 만든 도끼는 나무를 베어 버릴 수 있으니 금은 목에게 관성이 됩니다. 따라서 사주에 금 기운이 강하면 나를 극하거나 누르는 기운 또한 강합니다. 그런데 관성인 금의 개수가 적당하면 오히려 나무의 무성한 가지를 쳐내어 더욱 튼튼하게 자라도록 도와줍니다. 이런 경우는 나의 사주에 금이 꼭 필요한 요소가 되기도 합니다. 결국 관이 많다는 것은 도끼(금)가 너무 많아 사방팔방에서 나무(나)를 내리친다는 의미로 해석할 수 있습니다.

그렇다면 사주에 자신을 규제하고 극하는 기운이 많으면 어떻게 될까요? 사주에 관살혼잡이 있는 사람은 언행이 매우 조심스럽고 주변 사람들에게 굉장히 친절합니다. 기본적으로 상냥하고 깊은 배려심도 있지만, 자신을 극하는 기운이 많다 보니 주위 사람들과 잘 지내려고 많이 노력합니다. 이런 기질이 지나치면 인간관계나 이성과의 사이에서 자신의 의견을 잘 드러내지 못하고 눈치를 살피거나 따라가기만 하는 수동적인 태도를 보이기도 합니다. 평생 함께할 반려자로 인해 삶의 방향이 기존과 많이 달라질 수 있으니 이성을 만날 때마다 내 사람인지 아닌지 끊임없이 확인하려 합니다. 세상에 완벽한 내 편은 없다는 사실을 알면서도 상대가 오늘 멋진 모습을 보여주면 '역시 이 사람이야'라고 생각했다가 내일 실망스러운 모습을 보여주면 한 걸음 뒤로 물러서게 됩니다. 또, 경제력, 성품, 학벌 등 배우자감에 대한 조건이 끊임없이 바뀝니다. 내 기준에 맞는 상대인지 계속 고민하면서 우유부단한 태도를 취합니다. 이처럼 관살혼잡인 여성은 오히려 남녀관계에 겁이 많고 서툰 모습을 보이는 경우가 많습니다. 문란한 여성과는 거리가 먼 모습입니다.

그렇다면 관살혼잡인 여성들은 정말 남편 복이 없는 걸까요? 꼭 그렇지는 않습니다. 다만 이렇게 우유부단한 성향을 가진 여성의 경우, 자신의 매력을 뽐내며 머뭇거리는 여성을 강하게 압박하는 이성을 경계해야 합니다. 가뜩이나 조심스러운데 상대마저 머뭇거리는 경우, 관계에 진전이 생기기 힘들 것입니다. 신중하게 상대를 배려하는 태도를 지닌 사람이 좋은 배우자임을 알면서도 좀처럼 확신을 갖기 어렵습니다. 우물쭈물 하는 사이, 카리스마 넘치는 상대가 당신을 놓치면 평생 후회할 것 같다며 앞뒤도 재지 않고 저돌적으로 돌진해 들어온다면 관살혼잡인 여성들은 마음을 허락하는 경우가 많습니다. 모두 그런 것은 아니지만 이성과의 관계에서 자신의 의견을 거세게 밀어붙이는 사람은 대부분 평소에도 이런 식으로 행동할 가능성이 큽니다. 처음에는 주도적인 모습에 끌리겠지만 때에 따라 상대의 강한 자기주장이나 아집으로 인해 문제가 발생할 수 있습니다. 그렇기 때문에 관살혼잡인 여성은 현재 자신이 처한 환경에서 벗어나는 방법으로 결혼을 선택하는 일은 반드시 경계해야 합니다. 급한 마음을 알아차리고 급진적으로 다가오는 남성들이 더 매력적으로 보일 수 있기 때문입니다.

그렇다면 관살혼잡을 가진 사람들은 어떻게 대처해야 할까요? 첫 번째는 '인성'을 쓰는 것입니다. 사주에서 인성은 나를 도와주는 기운입니다. 인성이 들어오면 내가 나를 아끼고 돕고자 하는 마음이 커집니다. 상대에게 치우치지 않고 나를 위한 선택에 집중하려 합니다. 살아가다보면 어떤 인간관계도 한결같이 좋을 수만은 없습니다. 아무리 궁

합이 잘 맞아도 반드시 갈등은 오게 마련입니다. 관계는 서로가 함께 노력해야 계속 이어갈 수 있습니다. 관이 강하면 관계가 파국에 다다를 때까지 무조건 참으려는 경향이 있습니다. 선택의 기로에 섰을 때, 나보다 우리 또는 상대방을 위할 때가 많습니다. 인성이 들어오면 이런 부분이 치우치지 않게 도와주며 나를 위한 선택을 하고자 합니다. 물론 관계를 이어가는데 있어 배려나 헌신도 필요하지만, 그 모든 것들은 일단 나를 위한 것이라는 전제가 필요합니다. 자신이 힘들고 불편한데도 상대방을 위해 어쩔 수 없이 하는 양보는 더이상 배려가 될 수 없습니다. 관이 많은 사람들은 인간 관계를 맺을 때 반드시 이 점을 기억해야 합니다. 모두에게 좋은 결정을 내릴 수 있으면 가장 좋겠지만, 그렇지 않을 경우 우선순위 맨앞에 나를 두는 연습이 필요합니다.

두 번째는 '식상'을 사용하는 방법입니다. 식상은 관을 극하는 성질입니다. 내가 바깥으로 드러내고 표출하는 말이나 행동 등을 의미합니다. 관이 많은 사람 중 이러한 식상이 발달하지 않으면 자신이 솔직한 감정을 제대로 표현하지 못하고 무작정 참는 경우가 많습니다. 자신이 참고 말없이 넘어가면 상대가 잘 헤아려줄 거라 생각하지만, 말하지 않으면 상대방은 전혀 알 수 없습니다. 그저 알아주길 바라는 마음은 욕심일 뿐입니다. 식상이 부족한 관살혼잡이라면 그동안 쌓인 스트레스로 당장 폭발한 지경인데도 상대방은 전혀 눈치채지 못하는 경우가 많습니다. 이런 사람들은 일상에서 간단한 결정을 내릴 때 자신의 속내를 바깥으로 드러내는 연습을 꾸준히 해야 합니다.

또 다른 형태로 자주 볼 수 있는 관살혼잡의 첫 번째는 어떤 문제에 대한 나만의 답이나 관념이 정해져 있어 그것을 바탕으로 모든 것을 관리하고 통제하려는 경우입니다. 일에서 드러나면 굉장히 능력있는 모습으로 비칠 수 있지만, 남을 믿지 못해 오직 자신의 통제하에 모든 일을 혼자 짊어지고 힘들어하는 경우가 많습니다. 결국 빨리 지쳐 일찌감치 퇴직이나 이직을 하는 결과로 나타날 수 있습니다. 이런 경우에는 오히려 보직이나 근무처의 변경이 잦은 직업이 유리할 수 있습니다. 두 번째는 관성이 많으면서 사주명조가 신약한 경우입니다. 이런 경우, 나를 누르는 관이 너무 강해 스트레스를 쉽게 받을 수 있고, 버티는 힘이 약해질 수 있습니다. 보통 사람들과 똑같은 상황에서 같은 강도로 일하는데도 더 많이 힘들어합니다. 결국 빨리 포기해버리는 결과로 이어질 수 있습니다.

관살혼잡 사주를 가진 사람들은 친절하고 상냥한데도 한 번씩 어긋나는 인간관계 때문에 종종 힘들어합니다. 분명 상대를 배려하는 성향을 가지고 있지만, 좀 더 들여다보면 사람들과의 사이에서 미묘한 틈을 발견할 수 있습니다. 본인의 안위를 걱정하는 기질이기에 온전히 마음을 열고 전부를 드러내지 못하기 때문입니다. 자신이 상처받을 수 있음을 염려하여 늘 한 발 뺀 상태로 관계를 맺는 경우가 대부분입니다. 관계에 온전히 집중하지 않으니 상냥하고 친절해도 상대방은 함께 있는 느낌을 받지 못합니다. 누구나 상처받기를 두려워합니다. 그럼에도 불구하고 사람들은 관계를 맺습니다. 조금 더 용기를 낸다면 배려심 넘치는 성향을 바탕으로 본인의 많은 관을 이롭게 사용할 수 있습니다.

(((●)))

천간과
지지의 비밀

앞서 사주팔자를 각자가 운영하는 회사에 비유하여 설명한 바 있습니다. 회사 대표인 일간 자리의 나와 사주 내 나머지 자리에 배치된 직원들이 주변과 얼마나 어울리는지, 다가올 운세에서 긍정적인 역할을 하는 파트너가 들어오는지 등을 통해 삶의 고저와 길흉을 가늠해볼 수 있습니다. 하지만 대부분의 사람들은 언제 좋은 운이 들어오는지 혹은 내 사주에 좋은 조건은 무엇인지에만 집중할 뿐, 어떻게 하면 나의 사주라는 회사를 잘 굴러가게 할 지는 크게 관심이 없습니다. 제 아무리 유능한 직원들이 모여 있어도 회사 체계를 제대로 갖춰놓지 않거나 팀워크가 맞지 않으면 능력을 제대로 발휘할 수 없듯이 좋은 기회가 왔을 때 평소

나의 사주가 안정적으로 잘 굴러가고 있어야만 기회를 잡을 수 있습니다. 사주 속 천간과 지지는 모두 나에게 영향을 끼치지만 영역은 조금씩 다릅니다. 천간은 나의 생각, 개념, 이상 그리고 방향에 많은 영향력을 행사합니다. 지지는 실제 주어진 환경이나 내가 행하는 힘 등 현실적인 영역에 더 많은 지분을 차지합니다. 천간이 하늘에서 내려오는 눈, 비, 햇살이라면 지지는 그것들을 머금고 자라나는 성장물입니다. 천간은 위에서 지시를 내리고 방향성을 잡아주는 경영진이고, 지지는 지시를 받고 실질적인 업무를 처리하는 직원입니다. 회사가 잘 굴러가려면 임원들이 가진 목표와 방향이 직원들의 능력치와 잘 맞아야 합니다.

사주 상담을 하다 보면 목표는 높은데 비해 능력이 따라주지 않아 답답해하는 경우가 종종 있습니다. 이때는 천간과 지지가 조화를 이루지 못할 확률이 매우 높습니다. 천간에 비견과 인성이 여러 개 있으면 자아가 굉장히 강하고 이루고자 하는 목표가 원대할 수 있지만, 받쳐주는 지지 세력이 약해 목표에 가까워지기 어렵습니다. 직원들의 능력에 비해 임원들이 너무 과도한 목표를 설정한 거죠. 이런 형태의 사주를 가진 사람은 스트레스 지수가 다른 사람보다 높을 수밖에 없습니다. 대기업 임원이나 성공가도를 달리는 전문가, 자산가 중에서 평균 이상의 능력을 가졌음에도 늘 스스로 부족하거나 뒤쳐진다고 느끼는 사람들이 있습니다.

사주팔자라는 나의 회사가 롱런하기 위해 가진 것 이상의 힘을 쓰거나, 주위의 기대치에 부응하려 무리하는 것을 경계해야 합니다. 단기적으로는 성장하는 것처럼 보일 수도 있으나, 길게 보면 오히려 독이 될 수 있기 때문입니다. 이런 사주를 가진 사람들은 주변의 기대치에 맞춰 과도한 목표를 설정하기보다는 이상과 현실 사이에서 그 중심을 잘 잡아나가는 태도가 필요합니다.

이번에는 직원의 역량을 파악해 지시를 내리는 리더가 없어 지지의 방향성이 중구난방으로 흩어져 있는 경우를 살펴보겠습니다. 지지와 그 안의 지장간은 사주 속 내 회사의 미래 주역이 될 유망주입니다. 그런데 그들이 가진 자질을 잘 활용할 수 있도록 감독하고 역량을 파악해 줄 책임자가 없다면 직원들은 자신의 역량을 제대로 발휘하지 못할 수 있습니다. 지지에 있는 글자와 천간에 위치하는 글자가 조금의 통일성도 없는 오행들로 구성되어 있는 경우가 이에 해당합니다. 인기 웹툰 『미생』에서 주인공 장그래가 오상식 차장 덕분에 자신도 몰랐던 능력을 인정받으며 성장해 나가듯이 사주 안에서도 이런 드라마틱한 사건이 일어날 수 있습니다. 아무리 지지에 똑똑하고 능력 있는 글자가 와도 천간에 이를 알아봐 줄 글자가 없다면 가진 능력을 발휘하기 어려울 수도 있습니다.

사주를 보면 어느 방면에 분명 뛰어난 자질을 가지고 있는데 본인이 흥미가 없거나 흥미가 있어도 지지 세력이 약해 금방 포기하는 경우가 있습니다. 또, 분명 자질은 충분한데 시기의 운이 따라주지 않아 곧장 성과로 이어지지 않는 경우도 있습니다. 만약 갈 길을 모른 채 이리저리 방황하고 있다면 자신이 진짜 하고 싶은 것만큼이나 가진 재능이 무엇인지 눈여겨볼 필요가 있습니다. 사주를 잘 들여다보고 그 안에서 얻을 수 있는 여러 힌트들을 조합해 보세요. 시기의 문제라면 조금 더 실력을 쌓으며 기다리면 되지만, 그게 아니라면 원하는 것과 잘하는 것 사이에서 절충점을 찾는 과정이 필요합니다. 반대로 사주 속 너무 많은 요소들이 중구난방으로 작동할 때에도 문제가 될 수 있습니다. 예를 들어 월지 지장간이 정재, 상관, 편인으로 이루어져 있는데 천간에도 정재, 상관, 편인이 들어 있다면 천간 임원들과 지지 직원들 간에 파벌이 형성되어 회사의 정체성이 희미해질 수 있습니다. 물론 회사 내 모든 인간관계가 다 좋을 수는 없고, 앙숙인 동료나 꼴 보기 싫은 사수가 있을 수 있습니다. 하지만 모두의 최종적인 목표는 회사가 잘 굴러가게 만드는 것입니다. 그런데 임원들끼리 자신의 세력을 키운답시고 직원들을 선동해 파벌을 나누고 정치질한다면 직원들은 힘이 센 세력에 붙었다가 떨어지기를 반복하며 갈지(之) 행보를 할 수밖에요. 갈라진 파벌끼리 일을 공유하며 성사시켜 협력하는 경우라면 오히려 더 좋은 결과를 가져올 수도 있겠지만, 그게 아니라면 이런 사주를 가진 사람은 자신이 걸어온 길을 다시 돌아보고 목표나 목적 없이 살아오진 않았는지 한 번쯤 짚어볼 필요가 있습니다. 자신의 능력만 믿고 이런저런 일에 손을 대거나, 자주 직업을 바꾸거나, 갑자기 잘하던 일을 때려치우고 무모하게 낯선 분야에 쉽게 덤벼들기보다는 자신이 걸어온 길 위에서 인내하고 좀 더 깊게 파고드는 자세가 필요합니다.

사주 공부를 하다 보면 누군가는 대운이, 또 다른 누군가는 사주 원국이 중요하다고 말합니다. 대운도, 사주 원국도 둘 다 중요합니다. 사주 원국은 기본적인 나를 구성하는 친구들이니 말할 것도 없고, 대운을 어떻게 활용하느냐에 따라 극적인 성장이나 변화를 꾀할 수도 있기 때문입니다. 어느 한쪽만을 우선시 하기보다 각자의 다름을 알고 어떻게 활용할 수 있을지를 알아가는 것이 필요합니다.

시를 알면
방향이 보인다

앞서 사람이 태어난 연월일시를 바탕으로 하는 네 개의 기둥 사주는 뿌리와 줄기, 꽃과 열매를 뜻하는 '근묘화실'에 비유한다고 했습니다. 연주는 뿌리, 월주는 줄기, 일주는 꽃, 시주는 열매로써 우리 사주가 어떻게 연결되어 유기적으로 작용하는지 보여줍니다. 옛날 신분제 사회에서는 태어난 연주 즉, 뿌리를 가장 중요하게 여겼습니다. 양반은 양반으로, 천민은 무슨 수를 써도 천민에서 벗어날 수 없으니까요. 따라서 당시 사주는 뿌리에 비중을 두고 해석하였습니다. 하지만 신분제가 사라진 오늘날에는 뿌리가 아닌 일주를 기준으로 사주를 해석합니다. 즉, 태어난 달과 일이 나의 주어진 환경과 본질을 뜻하는 중요한 사주 요소가

된 것입니다. 자신의 능력을 발휘할 수 있으면 무엇이든 될 수 있는 세상이니까요. 그런데 월주와 일주만큼 요즘 시대에 점점 더 중요하게 부각되는 자리가 있으니 바로 열매를 뜻하는 '시주'입니다. 시주는 노년기의 말년운을 의미하기도 합니다. 이처럼 말년운이 주목받게 된 이유는 본인이 어떤 열매를 맺기 위해 지금까지 애써왔는지, '나'라는 나무가 추구했던 인생 전체의 가치가 무엇이었는지를 열매 즉, 시주를 통해 증명할 수 있기 때문입니다. 현대사회는 본인이 원하는 바를 누리고 사는 게 가장 가치 있는 세상이 되었습니다. 옛날에는 무조건 개인의 심리나 성향을 무시한 채 무조건 환경에 잘 적응하는 것이 바람직한 삶이라고 여겼습니다. 나의 고유한 기질보다 사회적으로 내가 어떤 위치에 있는 사람인지가 더 중요했으니까요. 하지만 대기업에 취업해도 자신이 원하는 인생관과 맞지 않으면 과감히 그만둘 수 있는 용기가 박수받는 것처럼, 주변보다 자신의 마음이 원하는 대로 사는 삶이 더 가치 있다고 여기는 시대가 되었습니다. 사람들의 이러한 변화는 앞서 설명한 시주를 통해 내밀하게 들여다볼 수 있습니다. 자신과 시주가 어떤 관계인지 들여다보면 앞으로 내가 어떤 삶을 추구할지, 어떤 상황일 때 평온을 느끼는지 파악할 수 있습니다. 이제는 동전의 양면처럼 잘 산다 또는 못 산다는 개념이 아니라 어떻게 하면 내가 가진 것을 활용하여 행복해질 수 있는가에 주목해야 합니다. 사주풀이는 계속 '왜 또는 어떻게'라는 질문을 통해 해답을 찾아나가는 작업입니다. 이처럼 명리가 학문으로써 오랜 시간 동안 명맥을 이어올 수 있었던 이유는 사람 가까이 존재한 학문이기도 하지만, 수많은 사람들의 고찰이 끊임없이 더해져 왔기 때문입니다.

사주에서 일간이라는 자리는 나를 의미합니다. 먼저 나를 크게 양과 음으로 구분한 뒤, 다시 오행으로 세분화하여 구분해볼 수 있습니다. 양과 음은 에너지의 움직임을 의미합니다. 양은 확장, 음은 수축하는 세력입니다. 양과 음으로 구분하긴 하지만 둘은 각각 따로 떨어진 존재가 아닙니다. 음은 퍼져나가던 양을 모아 하나로 단단하게 압축한 후 다음을 위해 계승해 주는 역할을 합니다. 다음 계승을 위해서는 더욱 안전하고 내실 있게 모아야 합니다. 만약 세상에 종말을 맞이하기 전에 벙커에 들어가야 한다면 어떤 짐을 어떻게 꾸리느냐가 바로 음의 영역입니다. 필요 없는 것은 제외하고 냉철하고 보수적으로 앞으로의 삶을 어떻게 이어나갈지 판단해야 하기 때문입니다. 반대로 양은 확장에 목적이 있습니다. 더 많은 자리를 점유하면서 바깥으로 점차 퍼져나가야 하는 세력입니다. 그러기 위해선 높은 자리에 오르고, 더욱 많은 세력과 힘을 합쳐야 합니다. 그동안 벙커 안에서 때를 기다리며 에너지를 비축하고 성숙의 시간을 가졌으니 다시 세상 밖으로 나가 활동해야 합니다. 이런 활동의 시간에는 주도적인 담대함이 필요합니다. 벙커에 들어가기 전에는 불필요한 것을 제외하고 최소한으로 만들었다면 이제는 다시 생명 활동을 시작한 만큼 만나는 족족 내 세력으로 만들어야 합니다. 더 많은 것을 보고 더 많은 사람을 만나고 더 많은 곳을 가야 합니다. 양은 직위 상승과 자기만족을 추구하며 내 뜻을 펼치는 것을 목표로 동적인 활동을 하려 하고, 음은 재물의 축적과 안정감이 있는 환경, 나를 보호하는 일을 정적으로 만들어가려 합니다. 무조건 양이 돈을 좇지 않는 것이 아니라 혹은 음이 돈만 좇는다는 뜻이 아니라 내가 가진 최종적인 목적에 따라 달라진다는 의미입니다. 양간이 돈 벌고 싶은 이유를 생각해 본다면 본인이 가진 철학이나 명분을 사람들에게 전파하고 싶거나 혹은 나의 재미나 기호를 위해서 아니면 더 높은 곳으로 올라가기 위한 수단으로써 돈을 벌고 싶은 것입니다. 반대로 음간이 직위를 좇는다면 나를 더 단단하고 안전하게 보호하기 위한 수단으로 직위라는 방식을 채택한 것입니다. 자산을 축적하기 위한 단계로 직급이라는 자리를 먼저 활용한 것입니다. 인간관계도 마찬가지입니다. 양의 기운이 강할수록 나와 같은 동류의 세력을 더 많이 얻어감으로써 내실을 다지는 것이라고 여긴다면 음간은 무작정 내 세력을 불리는 것에 치중하는 것보다 선별과 구분을 중심에 둡니다.

그렇다면 이런 양간과 음간이 시주에 어떤 기운을 두고 있는가에 따라 내가 가진 생각을 어떻게 펼쳐나갈 수 있는지 확인해 보겠습니다. 지지에 오는 글자들을 음간과 양간, 목화와 금수 그리고 중간을 의미하는 토 오행으로 구분해 볼 수 있습니다. 나의 일간이 시지에서 어떤 음양을 만나느냐에 따라 최종적인 내 삶의 방향을 참고해 볼 수 있습니다. 나와 시지에 오는 글자 간의 거리가 멀면 멀수록 혹은 가까우면 가까울수록 내가 지향하는 바와 성장점이 달라집니다. 그 첫 번째는 나와 같은 음양의 기운을 가진 글자들과 만났을 때입니다. 음양이 같은 편인, 편관, 편재처럼 치우친 기운이거나 혹은 거리상 더 가까운 인비와 같은 오행이 왔을 때, 나와 시지에 있는 글자와 거리가 가깝다고 말합니다. 이렇게 내가 시지에 있는 글자와 거리가 멀지 않다면 나는 최대한 나의 본능을 유지하고자 합니다. 온전한 나로서 방향성을 잡고 나아가는 것이 싫든 좋든 내가 지향하는 바입니다. 사주 상담을 하면 이런 이야기를 많이 듣습니다. '과연 어떻게 사는 것이 옳은 방향인가?' 하지만 사주명식마다 지향점, 방향성이 다르다 보니 답을 구하는 데 어려움이 있습니다. 단, 내가 시지와 결이 같은 사주라면 조금 더 본인 스스로를 믿고 외부에 흔들리지 말기를 권합니다. 이들이 잘 산다고 느끼는 것의 의미는 결국 외부와 합의점을 찾고 맞춰나가는 것이 아닙니다. 주변에 잘 사는 누군가를 따라 하는 것은 오히려 무의식중으로 혼란을 만들어내기 쉽습니다. 오히려 본인이 좋아하는 분야 혹은 형태를 조금 더 깊이 파고 들어 자신만의 스타일을 지향하는 게 더 잘 맞다고 할 수 있습니다.

자신만의 스타일을 지향한다고 해서 그 방식이 늘 승리하는 것은 아닙니다. 다만 일간과 시지에 둔 글자의 결이 같다면 결국 일간인 내가 원하는 것을 추구할 때 후회 없는 삶에 근접할 수 있습니다. 타인이나 상황 때문에 부득이하게 성공 확률이 높은 것을 고르면 가보지 않은 길을 돌아보며 계속 아쉬워하는 삶을 살 수밖에 없습니다. 일간도 양인데 시지도 강한 양의 기운을 포함하고 있다면 양의 기운이 너무 강하기 때문에 에너지의 소비가 많을 수밖에 없습니다. 확장을 위한 에너지는 양이라는 빠른 환경까지 만나 더 거침없이 세상을 향해 도전해야 합니다. 남들이 보기엔 다소 무모해 보이고 어려워 보여도 그게 나 자신이 지향하는 삶의 과정입니다. 물론 그런 과정에 탈도 생기고 고배도 마실 수 있습니다. 하지만 결국 그 시기를 잘 넘겨나가면 점점 나다워질 수 있습니다. 진짜 자신만의 길을 찾을 수 있습니다. 반대로 음이 음을 만나면 처음에는 더딜 수 있습니다. 눈에 확 띄는 진전이 없고 진도가 안 나가니 보기에 따라 좀 답답할 수도 있습니다. 하지만 그것이 바로 음의 성질입니다. 음은 최대한 내실을 다지면서 안정적으로 준비해야 내가 가진 실력을 발휘할 수 있습니다. 이런 사주는 빨리 결과를 보는 게 능사가 아닙니다. 한 번 에너지를 쓸 때 얼마나 결과 값을 더 잘 뽑아내는가가 중요합니다. 양과 양이 많이 시도하고 깨지면서 방향 전환을 한다면 음과 음은 최대한 안전하고 효율적으로 일을 진행해나가야 합니다. 따라서 이러한 결을 가진 사람들은 타인의 속도와 방향을 비교하지 말고 나만의 길을 가면 됩니다. 그렇다고 나를 아끼는 사람의 충고까지 무시하라는 뜻은 아닙니다. 나에게 가장 알맞은 방법이 남들과는 조금 다를 수 있고, 그 방법을 제일 잘 찾아내는 것 또한 나의 몫이라는 말입니다. 내 모습을 바탕으로 장점과 단점을 잘 파악하고 얼마나 잘 활용하는지가 좋은 결실을 맺는 방법입니다. 내 일간이 양일 때 시지가 음이거나 일간이 음일 때 양의 오행이 시지에 주어졌다면 일간이 목화이며, 시지가 금수여서 글자 간 거리가 멀 경우, 멀면 멀수록 음양오행에 따라 활용하는 방법이 무궁무진해집니다. 이런 경우, 자신이 잘 활용될 수 있는 방법을 충분히 받아들이고 시도해 보는 것이 좋습니다. 거리가 멀다는 것은 그만큼 시도해 볼 만한 여력이 있다, 바뀌고 쓰임이 달라질 수도 있다, 그것을 받아들인다, 모방과 수용, 전환이 조금 더 자유로운 상황이 될 수 있다는 뜻입니다. 양은 음의 환경에서 더 잘 활용할 수 있습니다. 마찬가지로 음이 잘 쓰일 수 있는 자리도 양입니다. 더 좋은 효율을 내기 위해서 여러 가지 방안을 참고해 새로운 시도를 해보는 것도 좋습니다.

저는 어릴 때부터 가진 특성과 기질을 살리는 일이 과연 나에게 좋은 일인지 아니면 주변 환경과 사람에 맞춰 변화하며 꾸준히 나를 바꿔가는 게 좋은 일인지 늘 고민이었습니다. 정답은 우리가 가진 사주에 따라 각양각색이라는 것입니다. 위와 같은 경우, 더 좋은 방향을 위해 변화를 모색해봐도 좋습니다. 예를 들어 사람을 만날 때 그 사람에 맞춰 대화하려 노력할 수 있습니다. 상대에 맞춰 나의 소통 방식을 바꿔가며 배우는 것이 나를 더 많이 성장시킬 수 있습니다. 내가 가진 잠재력은 변화하는 시공간에 적응하며 단련됩니다. 반면 양과 양, 음과 음이 만나는 경우, 있는 그대로의 나를 존중해 주고 본연의 나를 더 편하게 해주는 사람을 만나는 게 긍정적일 수 있습니다. 나를 인정해 주는 사람 앞에서 비로소 내가 가진 장점이 제일 잘 드러날테니까요.

사주팔자에서 가장 후천적인 운과 노력의 영향을 많이 받는 자리가 바로 이 시주라는 기둥입니다. 내가 만들어낸 나의 열매는 어떤 질 좋은 종자를 가지고 있느냐도 중요하지만, 얼마나 좋은 영양분을 공급했는지, 볕을 더 잘 보았는지에 따라 충분히 다른 결실을 만들어 낼 수 있습니다. 그러기 위해서는 우리 사주의 특징을 알고 난 후, 조금 더 그에 어울리는 목표 설정이 필요합니다.

(((●)))

이혼수가 있는
사주라구요?

사주 상담을 하다 보면 대부분 한 번 이상은 들어봤다는 이야기가 있습니다. 바로 '이혼수가 있으니 되도록 결혼을 늦게 하세요'라는 말입니다. 왜 대부분의 사람들은 이혼수가 있을까요? 이제부터 우리가 왜 대부분 이혼할 수밖에 없는 팔자인지 알려드리겠습니다. 사주팔자는 각각의 칸마다 저마다의 의미와 시기를 가지고 있습니다. 또한, 각각의 자리마다 인간관계도 연결되어 있습니다. 여덟 칸 안에 어떤 오행이 어떤 기운으로 들어가 있느냐에 따라 그 사람에게 미치는 영향력은 달라집니다. 특히 결혼 운에 많은 영향을 미치는 자리는 일간 아래 일지입니다. 그래서 이 자리를 '배우자궁'이라고도 부릅니다. 물론 배우자 운을 보는 방법이 이렇게 단편적이지 않지만, 대략 나의 배우자가 어떤 사람인지 가늠해 볼 수 있습니다.

사주에서 배우자궁에 여성은 관성이, 남성은 재성이 들어오면 배우자 기운이 잘 들어왔다, 배우자궁이 좋다고 해석합니다. 충실하게 배우자 역할을 할만 한 사람이 들어와 있다는 뜻입니다. 그렇다면 만세력을 열고 여러분의 일지 자리에 무엇이 들어있는지 살펴보세요. 여성은 관성이, 남성은 재성이 들어가 있나요? 관성 또는 재성이 들어갈 확률은 겨우 16퍼센트입니다. 그들만이 배우자궁에 배우자다운 역할을 하는 오행이 들어있습니다. 그렇다면 나머지는 결혼하면 전부 이혼하게 될까요?

일지에 나와 같은 색을 가진 기운이 있다고 가정해보겠습니다. 이는 동류의 힘, 비견이나 겁재를 의미하죠. 이를 '간여지동' 즉, 나와 같은 뿌리를 내 일간 밑에 가지고 있다는 뜻입니다. 이 경우는 보통 자기 주장이 강하고 고집이 세서 결혼 생활이 순탄치 못하다고 해석합니다. 그렇다면 일지 자리에 인성의 기운이 들어가 있으면 어떻게 될까요? 인성은 편인 또는 정인을 의미합니다. 이는 배우자궁에 육친, 관계로 따지자면 어머니가 들어와 있다고 해석합니다. 여성은 고부갈등이나 시댁과의 불화로 사이가 나빠져 이혼할 수 있다고 말합니다. 그럼 식상은 괜찮을까요? 식신이나 상관이 배우자궁에 있다는 것은 여성에게는 배우자궁에 배우자 대신 아이가 들어와 있는 것을 의미입니다. 배우자궁에 남편 대신 아이가 들어왔으니 아이를 낳으면 남편과 사이가 멀어져 이혼할 수 있다고 말합니다. 즉, 아이를 낳으면 이혼하게 되는 '득자별부' 사주입니다. 사람들 모두 이래서 이혼하고, 저래서 이혼할 수밖에 없는 이유가 너무 많습니다. 배우자를 의미하는 관성이 배우자궁에 잘 들어와 있다고 무조건 영원히 잘 살 수 있을까요? 아직 확신하기엔 이릅니다. 앞서 설명한 바와 같이 배우자궁에 관한 조건은 이것이 끝이 아니라 시작이니까요. 배우자를 의미하는 기운이, 그 안에 숨겨둔 기운이 어떤지도 확인해야 합니다.

또, 있습니다. 지장간에 관살이 혼잡되어 있을 경우 즉, 정관과 편관이 혼합되어 있는 경우에도 이혼수가 있다고 말합니다. 배우자궁 즉, 일지의 지장간에 관이 하나가 아니고 두 개이기 때문에 재혼수가 있다는 의미로 해석합니다. 또, 지장간에 비견이나 겁재가 관성과 함께 있으면 배우자가 외도를 하게 되어 이혼할 가능성이 있다고 이야기합니다. 지장간에 뾰족한 현침의 기운이 위를 쿡쿡 찌르는 것도 문제가 됩니다. 가시가 돋쳐있어 배우자와 사이가 가까워지면 나를 찔러 따가우니 둘 사이에는 늘 거리가 있을 수밖에 없습니다. 그밖에도 배우자궁에 관성이 들어와 있음에도 이런저런 이유 때문에 백년해로 하지 못하는 사람들이 많습니다. 사주에 관살혼잡이 있으면 남편이 많고, 관성이 없으면 남편 구실하는 남자를 못 만나 남편 복이 없다고 말합니다. 사주에 식상이 많으면 관을 깨는 성질을 가지고 있어 남자를 무시해 결혼생활을 오래 이어갈 수 없다고 합니다. 배우자궁과 충돌하는 글자가 사주 원국에 있을 경우, 배우자궁에 있는 글자를 공격해 고립시키면 이혼 수가 있다고 말합니다.

이러한 이유로 결혼해서 평생 잘 산다고 이야기하는 것 자체가 힘듭니다. 살다 보면 당연히 누구나 이혼을 선택할 수 있습니다. 결혼은 전혀 다른 세상에서 살던 두 사람이 만나 또다시 새로운 세상을 만들어가는 것입니다. 30년 가까이 혹은 그 이상 마이웨이를 지켜왔으니 본인에게는 당연한 일들이 새로운 세상에선 더는 하면 안 되는 일이 되기도 합니다. 생활 습관, 감정 표현부터 먹는 것, 입는 것까지 전부 자기 방식으로 살아온 두 사람이 결혼생활을 한다는 것은 당연히 어렵고 힘든 일입니다. 자신의 세상에서는 배가 터질 때까지 맛있게 먹고 마시는 게 미덕이고, 평생 부모님께 잘 먹어 이쁘다고 칭찬받으며 살아왔는데 결혼 후의 세상에서는 소식하며 천천히 먹는 게 좋은 것이고, 많이 먹는 사람을 미개인 취급하며 그만 좀 먹으라고 타박한다면 충분히 혼란스러울 수밖에요. 이는 실제 내담자의 이혼 사유이기도 했습니다.

사람들은 어떤 특별한 계기로 이혼하지 않습니다. 이혼

은 언제든 누구에게나 일어날 수 있습니다. 작은 불만과 오해가 쌓이고 모였다가 어느 날 임계점에 다다른 거죠. 사주에 이혼수가 있어 헤어지는 것만이 아닙니다. 나와 맞지 않는 세상에 잠시 머물렀다가 벗어났을 뿐이죠. 삶에서 이혼이라는 힘든 일을 겪었는데 사주에 이혼수가 있기 때문이라는 이야기를 들으면 트라우마가 생기는 것이 당연합니다. 내 팔자가 이래서 이상한 상대를 만났구나. 또 실패하면 어쩌지? 이런 걱정부터 하게 될 것입니다. 사실 좋은 배우자를 만날 수 있는 사주팔자란 서울 가서 김서방 찾기처럼 막연한 일일지도 모릅니다. 나와 완벽하게 맞아떨어지는 사람을 만나 한평생 행복하게 사는 일은 그만큼 어려운 일이죠. 그래서 대부분의 사주는 배우자 복이 없고 결혼을 늦게 하면 좋다고 말합니다.

우리가 좋은 배우자를 만나기 위해 해야 할 일은 상대방의 세계를 돌아다니며 많은 여행을 해보는 것입니다. 또, 만나고 헤어지며 (때론 이혼을 하기도 하고) 삶의 여러 값진 경험을 해나가는 것입니다. 그러다 보면 다양한 사람들의 세계를 경험하며 적응하는 법을 배우고, 나에게 잘 맞는 세계가 어딘지 알게 될 것입니다. 만약 누군가 이혼 수가 있다거나 결혼을 늦게 해야 좋다는 말을 한다면 기분 나빠할 것이 아니라 많은 사람들을 만나고, 풍부한 경험을 해보라는 덕담으로 생각하세요.

사주 상담가 '하나'입니다

　판타지의 정석『해리포터 시리즈』를 집필한 작가 '조앤
K. 롤링'은 책이 출판된 이후 지금까지 전세계 아이들에게
유년 시절의 꿈이자 친구로 통합니다. 해리포터는 어른들
도 다시 아이로 돌아가 모험하고 싶게 만드는 마법의 소설
입니다. 작가가 되기 전, 그는 미혼모의 처지로 생계를 꾸려
야 하는 가난한 시절이 있었습니다. 공상하기를 즐기고 자
신만의 세계가 있었던 그였지만 순발력, 눈치, 현실 감각이
들어있지 않은 사주 아이템 박스 덕분에 그는 주변 사람들
과 어울리지 못하고 눈치도, 일머리도 없는 사람이라는 평
가를 받으며 생활고에 시달렸습니다. 그럼에도 그가 포기
하지 않은 것은 바로 소설 쓰기였습니다. 배가 고파도, 힘들

어 울면서도 이야기를 써내려갔습니다. 스스로 자신의 아이템 박스 안에 무엇이 있는지 정확히 알아차린 그는 자신만의 기프트를 사용하기 위해 무던히 노력했습니다. 허황되고 현실 감각 떨어지는 사람이라고 평가받던 그는 전세계 어린이들에게 세상에서 제일 재미있는 이야기를 선물해주는 최고의 작가 중 한 명이 되었습니다. 분명 같은 사람인데 그는 완벽하게 다른 사람이 되어버렸습니다.

사람이라면 누구나 조앤 롤링처럼 숨겨진 기프트를 하나씩 가지고 있습니다. 하지만 기프트는 그처럼 간절하게 울부짖으며 찾아내야 모습을 드러냅니다. 그가 자신의 이야기를 알아봐 줄 사람을 끈질기게 찾아 나선 것처럼 우리도 자신의 사주 속에 숨은 기프트를 찾아내 활용할 용기가 필요합니다. 혹 누군가의 기프트는 어느 자리에서도 수월하게 활용할 수 있어 적응 시간을 거친 뒤 잘 녹아들 수 있지만, 개성있고 자신만의 색이 뚜렷한 기프트라면 알맞는 자리를 발견할 때까지 찾아 헤매야 합니다. 그것이야말로 인생에서 가장 중요한 일입니다. 인생의 여정에 명리라는 하나의 수단을 참고해 본다면 그전엔 발견하지 못했던 의외의 힌트를 얻을 수 있습니다.

자, 문이 있습니다. 어떤 문은 밀어야 또 어떤 문은 당겨야 열립니다. 당신이 자신의 사주 속 기프트가 무엇인지 모른다면 당겨야 하는 문을 미느라 계속 힘을 낭비하고 있을지 모릅니다. 힘은 힘대로 들고 문은 더더욱 열리지 않는 상황이 계속될 것입니다. 이십대의 저는 밀어야 하는 문을 당기느라 많은 힘을 소진했습니다. 저와 맞지 않는 회사 생활은 너무 끔찍했지만 이것 밖에 못하는 나를 자책하며 참고 견디면 나아질거라고 여겼습니다. '아침 출근길에 교통사고가 나면 얼마나 좋을까'라는 생각을 하면서도 그것이 중증의 우울증 증세라는 사실을 깨닫지 못했습니다. 결국 권고사직이라는 억울한 결과를 받아 들고 나서야 비로소 내 자리를 찾아가는 노력을 시작할 수 있었습니다. 그 시작은 사주 공부를 통해 '나'라는 사람을 제대로 아는 것에서 비롯되었습니다. 마침내 자신을 사랑하고 행복한 삶을 살아가는 나만의 방법을 찾게 되었고, 이제는 엉뚱하게 문을 당기지 않고 어떻게 하면 더 수월하게 문을 밀고 나아갈 수 있는지 노력합니다. 내내 힘겨웠던 회사 생활의 경험치는 결국 문을 밀 수 있는 계기를 만들어주었습니다. 온 힘을 다해도 문이 열리지 않을 때 우리는 과감하게 힘쓰는 방향을 바꿔 볼 필요가 있습니다.

상담을 하다 보면 인간관계에서 상처받는 분들이 꽤 많습니다. 모두 그런 것은 아니지만, 이런 경우 노력의 방향이 잘못되었을 확률이 높습니다. 나의 사주에 이타적이고 타인을 소중히 여기는 요소들이 많다면 마냥 배려하거나 베풀려는 경향이 있습니다. 배려를 멈추고 상대방과 나 사이를 다시 살펴야 하지만 그게 잘 안됩니다. 왜일까요? 본인의 사주에 관계를 객관화할 수 있는 요소가 부족하기 때문입니다. 상대가 원하는 것과 내가 원하는 것 사이를 잘 조율하고 중심을 잡아야 하는데, 내 것을 퍼주기만 하는 태도는 나뿐 아니라 상대에게도 독이 됩니다. 반대로 자신이 정답이라고 생각하는 것을 상대방에게 강요하며 바꾸려 할 때도 마찬가지입니다. 타인을 자신의 가치관대로 바꾸는 일은 굉장한 에너지가 소모되기 때문입니다. 이러한 에너지 소모는 남편과 아내, 부모와 자식처럼 가까운 사이에서 무수히 일어나고 있습니다. 따라서 상대에게 힘을 쏟아 변화를 유도할 때는 먼저 그 방향이 옳은지 되짚어봐야 합니다. 유연한 삶이란 들꽃은 들꽃다움을, 바위는 바위다움을 인정하는 것에서부터 시작되니까요. 사주를 안다는 것 역시 각자에게 주어진 기질을 살피고 노력하여 서로의 다름을 있는 그대로 받아들이는 행위입니다.

사주 상담을 하다 보면 좁은 제 생활 반경에서는 쉽사리 접할 수 없는 직업군이거나 접점이 없는 나이대의 사람들을 만나기도 합니다. 제가 만난 환갑의 한 노신사는 남들이 부러워할만한 조직에 몸담으며 누가 봐도 성공했다 여길 만큼 좋은 직업을 가졌고, 사람들의 존경을 사는 높은 직위에 있었습니다. 제가 보기에 모자랄 게 없는 멋지고 안정적인 삶을 살아가는 분이었습니다. 그런데 제 사주 상담을 한참 듣고 계시던 그 분은 어느 순간, 조용히 눈물을 흘리고 있었습니다. 처음에는 자신도 모르게 흐르는 눈물에 부끄러워하다가 나중에는 흐느껴 우는 모습에 제 마음도 찡했습니다.

"섬세하고 유약한 면모를 갖고 계시다 보니 경쟁하는 자리에서 사람들에게 강하게 의견을 어필해야 하는 여정이 쉽지 않으셨을 것 같습니다. 경쟁자들에게 둘러싸인 자리가 힘들었을 수 있겠네요. 그럼에도 불구하고 그토록 오랜 시간을 버틴 건 오로지 본인이 최선을 다했기 때문입니다. 앞으로 남은 시간 동안 본연의 모습으로 돌아가 편안하고 행복한 삶을 살아가는 것도 나쁘지 않은 선택이라고 생각합니다."

사실 그는 은퇴의 기로에 서서 어떻게 하는 게 좋을지 몰라 사주 상담을 신청한 사례였습니다. 본인은 은퇴를 원했지만 가족과 조직은 더 일하기를 바라는 상황이었습니다. 그 좋은 자리를 왜 그만두냐, 일할 수 있을 때가 행복한 거다 등 주변의 충고가 부담스러운 상황에서 저와의 사주 상담이 그의 고충을 이해하고 심경을 헤아려주는 결과로 작용한 것이죠. 사주를 통해 본 그의 기질은 돈이나 출세에 그다지 욕망이 강한 사람이 아니었습니다. 책임감 때문에 떠밀리듯 몇십 년을 힘겹게 자신과 맞지 않는 일을 하며 버텨오다가 마침내 모두 내려놓고 편하게 지내려는 자신이 꼭 죄를 짓는 것 같다며 고민하였습니다. 자신보다 남들 기준에서 인정받으며 살아온 자신의 인생이 가장 가치 있다고 여겼던 것이죠. 사주 분석을 통해 자신의 진짜 모습을 발견한 순간, 억누르며 꼭꼭 숨겨왔던 자신의 지난날들이 복받친 듯 보였습니다. 유약하고 섬세한 본래의 모습 또한 괜찮다는 제 말에 그동안 모른척 했던 자신에게 미안했는지도 모르겠습니다. 그 후 몇 개월 만에 그의 연락을 다시 받을 수 있었습니다. 예순이 넘어 배우기 시작한 악기 연습이 너무 행복하다는 그의 짤막한 안부를 읽으며 저는 코끝이 시큰해졌습니다.

이와 같이 본인이 사주와 맞지 않는 자리에 머물러 있을 때 사주를 통해 자신이 힘든 이유를 깨닫기도 합니다. 사람마다 오행의 속성과 십성의 차이에 따라 주어진 능력치는 모두 제각각입니다. 누군가에게 창의성, 개척 정신, 순발력이라는 힘이 자신의 아이템 박스 공간을 차지한다면, 이것과 반대되는 영역의 힘은 줄어들 수밖에 없습니다. 스물두 개의 글자 중 단 여덟 개의 글자만 사주팔자라는 박스 안에 주어지다 보니 각자에게 주어진 능력치와 장단점은 당연히 다를 수밖에 없습니다. 그런데 주위를 보면 인생의 중반을 넘어가고 있는데도 자신이 가진 능력치가 무엇인지 혹은 어떤 자리에 잘 어울리는지 감을 잡지 못하는 이들이 많습니다. 우리나라는 특히 어릴 때는 부모님의 의견대로, 나이가 들어서는 선생님 혹은 교수님이 정해주는 대로, 결혼 이후에는 배우자가 원하는 방향으로 내가 해야 할 일이나 가야 할 길을 정하는 경우가 비일비재합니다. 안정된 직장을 내팽개칠 용기가 없거나, 새로운 것을 도전해 볼 호기심이 없거나, 상황적 여유가 없거나 그것도 아니면 어디서부터 시작해야 하는지 모를 수도 있습니다. 상담을 신청한 이들 중 자신의 사주 안에 어떤 특징들이 자리잡고 있는지 알고 난 후 눈물을 보이는 경우가 종종 있습니다. 대부분 있는 모습 그대로 자신을 존중하지 못하고 자책하거나 스스로를 미워했던 마음 때문이겠지요. 힘든 시간을 겪는 사람들은 자신이 가진 것이 유용하지 못하거나 별 볼 일 없다는 무의식이 내려앉기 십상입니다. 각자의 사주 속 아이템들을 구체적으로 어떻게 사용하라고 일러줄 수 없습니다. 어떤 기질들이 자리해 있는지 가늠할 수는 있어도 그것을 어디에 쓸지 결정하는 사람은 오직 자신 뿐이니까요.

스노클링 장비를 한 번도 사용해 보지 못한 사람이 어디에 쓰이는지 알기 위해 직접 물속에 들어가는 것처럼 여러분 안의 요소들이 무엇인지를 알아보려면 끄집어내서 요리조리 들여다보고 찔러보고 써먹어 봐야 합니다. 장비를 사용해 물 속에서 호흡하는 법은 알려줄 수 있어도 이를 활용해 강에서 고동을 잡을지, 바다로 가서 고래를 잡을지, 그것도 아니면 정복되지 않은 더 넓은 세계를 탐험할 지는 오직 나에게 달려있습니다. 삶이 힘든 이유는 무엇을 가지고 있는지도 모른 채 자신이 가진 것과 맞지 않은 자리에 앉아 있기 때문입니다.

자신의 아이템 박스를 제대로 활용하기 위해서는 조금의 용기와 호기심이 필요합니다. 아무 노력도 하지 않고 저절로 잘 되는 일은 세상에 없습니다. 가진 것을 어떻게 활용하면 좋을지 수많은 경험과 학습을 통해 알아가야 합니다. 새로운 것에 도전하는 것을 두려워하지 않아야 합니다. 이 책에서 계속 이야기 한 것처럼 사주에 무조건 부정적인 면만을 가진 사람은 존재하지 않습니다. 음과 양이 있듯이, 겨울과 여름이 공존하듯이 우리 모두의 사주에는 명과 암이 함께합니다. 있는 그대로의 나를 인정하고 받아들이세요. 앞으로 어떻게 하면 자신의 소중한 기프트들을 유용하게 활용할 수 있을지를 고민하세요.

지금까지 우리가 어떤 재료들을 가지고 태어났는지 알려드렸습니다. 이것들은 사주를 공부할 때 배워야 할 기본적인 지식일 뿐입니다. 이 재료들이 어떻게 조합되어 어떤 요리가 될 수 있는지는 더 많은 공부와 경험이 필요합니다. 어떤 재료를 가지고 있는지 명확하게 안 것만으로도 당신은 이미 멋진 요리를 만들 가장 중요한 준비를 마쳤습니다. 더 많은 공부와 경험으로 자신이 가진 재료를 맛있게 요리할 수 있는 당신이 되길 바랍니다. 비로소 삶의 마지막에 깊은 감칠맛을 가진 당신만의 요리가 완성되기를 멀리서 응원하겠습니다. 지금까지 사주 상담가 '하나'였습니다.

사주 인사이트

초판 1쇄 발행 2025년 1월 25일

지은이 　 하나사주
펴낸이 　 이세연
편　집 　 박진영
디자인 　 서승연
제　작 　 npaper

펴낸곳 　 도서출판 혜윰터
주　소 　 서울특별시 마포구 토정로 222 한국출판콘텐츠센터 422-6호
이메일 　 hyeumteo@gmail.com
인스타그램 @hyeumteo

ISBN 　 979-11-989942-0-2